本書係「敦煌文獻系統性保護整理出版工程」項目成果

二〇二一—二〇三五年國家古籍工作規劃重點出版項目

「十四五」國家重點出版物出版規劃項目

國家古籍整理出版專項經費資助項目

中國國家圖書館藏敦煌文獻

中國國家圖書館　編

第一九册

BD00245～BD00259

國家圖書館出版社

DUNHUANG MANUSCRIPTS IN THE NATIONAL LIBRARY OF CHINA

019

BD00245 ~ BD00259

compiled by the

National Library of China

National Library of China Publishing House

顧問　方廣錩　郝春文　榮新江　李際寧

編纂出版　張志清　魏　崇　陳紅彥　殷夢霞　薩仁高娃
謝冬榮　劉　波　林世田　廖生訓

編纂　林世田　薩仁高娃　常蓋心　于　瑞　劉毅超
劉　波　劉炳梅　周升川　劉　婷　程佳羽
沈艷麗　高　雅

編輯　潘　竹　程魯潔　黃　鑫　苗文葉

審稿　孫　彥　耿素麗　宋志英　鄧咏秋

凡例

一　本書刊布中國國家圖書館藏敦煌文獻，以館藏編號爲序編排。

二　館藏編號采用「BD+流水號」格式，如BD00001, BD16579等。背面在編號後加v表示。一個編號包含多件文獻者，編號後分別綴以字母A, B, C等。一件文獻含有多個内容者，以數字-1, -2, -3等標明順序。

三　圖版有縮印或放大處另加説明，尺寸超出本書幅面的以摺葉形式呈現。

四　卷軸裝、梵夾裝、經摺裝等裝幀形制的敦煌文獻，各附外觀圖像。

五　每件文獻依次呈現外觀、正面、背面等。背面僅刊布有文字、圖像或其他要素的圖版，而略去素紙部分，背面圖版同樣以從右到左順序編排。凡有外題者，遵從以上原則。

六　除個別特殊情況外，爲保證閱讀連貫、流暢，圖版儘量通欄呈現。

七　各葉上方附該件文獻全圖，以高亮形式顯示本葉大圖在全卷中的位置。部分長卷文獻全圖衹能分多段呈現時，在上段末以 ‹ 符標示下段接續。卷尾内容不足一葉時，文獻全圖使用該圖卷尾部分，亦以 ‹ 符標示。背面圖版文字與正面文字方向相反時，文獻全圖按原貌顯示，正文翻轉呈現，以便閱讀研究，用 ↻ 符標示。

八　文獻題名大體沿用中國國家圖書館此前所編多部敦煌文獻目録的考證，部分吸收學界最新研究成果略作調整和完善。文獻題名綜合參考原卷首題、尾題、外題確定，如原卷題名與該文獻正式名稱不同，則采用正式名稱；無題名者，或比定題名，或擬定新名。非漢文文獻在題名前標注語種。有分卷不同等其他情況者，括注於文獻名稱後。

九　本書著録使用通行繁體字，涉及原文中的人名、地名等，必要時保留原字形。

About this publication

1. The documents are presented in shelfmark order.
2. The shelfmarks are in the form BD plus a running number, eg. BD00001, BD16579, &c. If a given shelfmark contains multiple documents, these are distinguished by the letters A, B, C, &c. If a document has multiple contents, they are distinguished by the numbering 1, 2, 3, &c. The verso side of an item is indicated by the letter v.
3. If it has been necessary to reduce or enlarge the size of an illustration, the dimensions are indicated. If the size of an illustration exceeds the size of the book, a folding sheet is used.
4. If the document is a scroll, a folded sutra, or has a stitched binding, a picture of the whole object is provided to show its external appearance.
5. The cover, front, and back of each document are reproduced in sequence. The back of a document is only reproduced if it contains text, illustrations, or other markings, and it is oriented from right to left. If it is blank it is not reproduced.
6. Except in a few special cases, the lines of text are reproduced unbroken to make them coherent and easier to read.
7. An illustration of the complete document is reproduced at the top of each page, and the section where the main illustration appears is highlighted in order to indicate its position. If it has only been possible to reproduce a long scroll in sections, the direction symbol has been used to indicate where one illustration ends and the next one begins. If the end of the scroll occupies less than one page, the direction symbol is used to indicate its position in the illustration of the complete document. If the text on the back of the document has a different orientation from the text on the front, it is reproduced as it is, but is also rotated (indicated with the rotation symbol) so that it can be read easily.
8. The titles of the documents generally conform with those already established by the Library, but in some cases have been amended by drawing on the most recent scholarly research. The titles are derived firstly from the beginning of the text, then from the end of the text, and lastly from the cover. If the title of a document differs from its authoritative form, the authoritative form is used; and if a document has no title, one is either supplied by comparison with similar documents, or a new one is devised. If the document is not in Chinese, its language is indicated before the title. If the number of juan is different from that of the authoritative version, or if there are other irregularities, this is noted.
9. The documents in the book are in traditional Chinese characters. Where the title contains personal or place names, the original characters used for these names are retained.

(Translated by David Helliwell)

第一九册目録

BD00245 大般涅槃經（异卷）卷二五

（北凉）曇無讖 譯

151.5cm × 24.8cm

大般涅槃經光明遍照高貴德王菩薩品　二十五

復次善男子菩薩摩訶薩脩大涅槃故

訶薩脩大涅槃具足成就苐五功德有五事
一者諸根完具二者不生邊地三
愛念四者常為天魔沙門剎利婆羅
等之所恭敬五者得宿命智菩薩以是大
涅槃經因緣力故具足如是五事功德光明
遍照高貴德王菩薩言如佛所說若有善男
子善女人脩於布施則得具足成就五事功
德今云何言因大涅槃得是五事佛言善哉
哉善男子如是之事其義各異今當為汝
說施得五事不定不常不淨不勝不
漏不能利益安樂憐愍一切眾生若
修如是大涅槃經所得五事是定是常是淨
是勝是異是無漏則能利益安樂憐愍一切
眾生善男子夫布施者則離飢渴大涅槃經

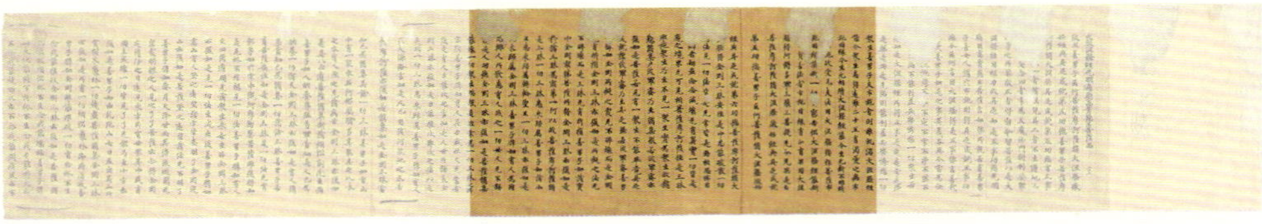

衆生善男子夫布施者則離飢渴大涅槃經
能令衆生悉得遠離二十五有渴愛之病布
施因緣令生死相續大涅槃經能令生死斷不相續
[illegible]施故受凡夫法因大涅槃得作菩薩布
施因緣能斷一切[illegible]窮苦惱大涅槃經能斷
[illegible]貧善法者布施因緣有分有果因大涅
槃得阿耨多羅三藐三菩提无分无果是名
菩薩摩訶薩脩大涅槃微妙經典具足成就
第五功德善男子云何菩薩脩大涅槃微妙
經典具足成就第六功德菩薩摩訶薩脩大
[illegible]槃得金剛三昧安住是中悉能破散一切
[illegible]法見一切法皆是无常皆是動相恐怖因
[illegible]緣苦劫盜念念滅壞无有真實一切皆是

勲脩集尸波羅蜜乃至脩集般若波羅蜜亦
復如是菩薩若見有一衆生不能畢竟具足
成就檀波羅蜜乃至具足般若波羅蜜善男
子譬如金剛所擬之處无不碎壞而是金剛
无有折損金剛三昧亦復如是所擬之法无
不碎壞而是三昧无有折損善男子如諸寶
中金剛㝡勝菩薩所得金剛三昧亦復如是
於諸三昧爲㝡第一何以故菩薩摩訶薩脩
是三昧一切三昧悉來歸屬善男子如諸小
王悉來歸屬轉輪聖王一切三昧亦復如是
悉來歸屬金剛三昧善男子譬如有人爲國
怨讎人所獻患有人煞之一切世人无不稱
讚是人功德金剛三昧亦復如是菩薩脩集
能壞一切衆生[illegible]是故[illegible]一切三昧[illegible]

[illegible]是人功德金剛三昧亦復如是菩薩脩集
能壞一切衆生怨敵是故常爲一切三昧之所
宗敬善男子譬如有人其力盛壯人无當者
復更有人力能伏之當知是人世所稱美金
剛三昧亦復如是力能摧伏難伏之法以是
義故一切三昧悉來歸屬善男子譬如有人
在大海浴當知是人已用諸河泉池之水菩
薩摩訶薩亦復如是脩集如是金剛三昧當
知已爲脩集其餘一切三昧善男子如香山
中有一泉水名阿耨婆蹹多其泉具足八味
之水有人飲之无諸病苦金剛三昧亦復如
是具八正道菩薩脩集斷諸煩惱創疣重病
善男子如人供養摩醯首羅當知是人已爲
[illegible]

有菩薩安住如是金剛三昧見一切法无有
鄣㝵如於掌中觀阿摩勒菓菩薩雖復得如
是見終不作想見一切法善男子譬如有人
坐四衢道頭見諸衆生來去坐卧金剛三昧
亦復如是見一切法生滅出没善男子譬如
高山有人登之遠望諸方皆悉明了金剛定
山亦復如是菩薩登之遠望諸法无不明了
善男子譬如春月天降甘雨其渧微緻間无
空處明眼之人見之了了菩薩亦尒得金剛
定清淨之目遠見東方所有世界其中或有
國土成壞一切皆見了了无鄣乃至十方亦
復如是善男子如由乾陁山七日並出其山所
有樹木叢林一切燒盡菩薩脩集金剛三昧

BD00245　大般涅槃經（异卷）卷二五

有樹木藂林一切燒盡菩薩脩集金剛三昧
亦復如是所有一切煩惱藂林即時消滅善
男子譬如金剛雖能摧破一切有物終不生
念我能摧破金剛三昧亦復如是菩薩脩
已能破煩惱終不生念我能壞結善男子譬
如大地能持万物終不生念我力能持火亦
不念我能燒物水亦不念我能潤漬風亦不

BD00246 大般涅槃經卷二〇

（北涼）曇無讖 譯

291cm×25.5cm

大般涅槃經卷第廿
尒時世尊在雙樹閒見阿闍世悶
告大衆我今當為是王住世至无量
涅槃迦葉菩薩白佛言世尊如
衆生不入涅槃何故獨為阿闍世王
男子是大衆中无有一人謂我必定入於
槃阿闍世王定謂我當畢竟永滅是
自投於地善男子如我所言為阿闍世
涅槃如是密義汝未能解何以故
一切凡夫阿闍世者普及一切造五逆
復為者即是一切有為衆生我終不

是不見佛性眾生若見佛性我終不為世
於世何以故若見佛性非眾生也阿闍
即是一切未發阿耨多羅三藐三
又復為者即是阿難迦葉二眾阿闍世者
是阿闍世王後宮妃后及王舍城一切婦女
又復為者名為佛性言阿闍者名為不
者名怨以不生佛性故則煩惱怨生煩惱
生故不見佛性以不生煩惱故則見佛性
見佛性則得安住大般涅槃是名不生
名為為阿闍世善男子阿闍者名
者名涅槃世名世法為者名不汙以世八
所不汙故無量無邊阿僧祇劫不入涅
故我言為阿闍世無量億劫不入涅
子如來密語不可思議佛法眾僧亦不可
議菩薩摩訶薩亦不可思議大涅槃經亦

子如来密語不可思議佛法衆僧亦不可
議菩薩摩訶薩亦不可思議大涅槃經亦
可思議
尒時世尊大悲導師為阿闍世王
昧入三昧已放大光明其光清涼往照王
身瘡即愈欝蒸除滅　王覺瘡愈身體清涼
耆婆言曽聞人説劫將欲盡三月並現
之時一切衆生患苦悉除時既未至此光
來照觸吾身瘡苦除愈身得安樂耆婆荅言
此非劫盡三月並照亦非火日星宿藥
珠天光王又問言此光若非三月並
明者為是誰光大王當知是天中天所放光
明是光无根非有邊際非熱非冷非常非滅
非色非无色非相非无相非青非黄非

説不可覩見乃至无有青黃赤白王言[illegible]
彼天中天以何因緣放斯光明大王[illegible]
相似相爲及以王先言世无良醫療治身心
故放此光先治王身然後及心王言耆婆如
來世尊亦見念耶耆婆荅言譬如一人而[illegible]
七子是七子中一子遇病父母之心非不[illegible]
等然於病子心則偏多大王如來亦尒於諸
衆生非不平等然於罪者心則偏重於[illegible]逸
者佛則慈念不放逸者心則放捨何等[illegible]爲
不放逸者謂六住菩薩大王諸佛世尊於諸
衆生不觀種姓老少中年貧富時節日月星
宿工巧下賤僮僕婢使唯觀衆生有善心
若有善心則便慈念大王當知如是瑞相即
是如來入月愛三昧所放光明王即問言何

是如來入月愛三昧所放光明王即問言何
等名爲月愛三昧耆婆答言譬如月光
一切優鉢羅華開敷鮮明月愛三昧亦復如
是能令衆生善心開敷是故名爲月愛三昧
大王譬如月光能令一切行路之人心生歡
喜月愛三昧亦復如是能令脩習涅槃道者
心生歡喜是故復名月愛三昧大王譬如月
光從初一日至十五日形色光明漸漸增長
月愛三昧亦復如是令初發心諸善根本漸
漸增長乃至具足大般涅槃是故復名月愛
三昧大王譬如月光從十六日至三十日形色
光明漸漸損減月愛三昧亦復如是光所照
處所有煩惱能令漸滅是故復名月愛三昧
大王譬如盛熱之時一切衆生常思月光月

甘露味一切衆生之所愛樂月愛三昧亦復
如是諸善中王爲甘露味一切衆生之所愛
樂是故復名月愛三昧王言我聞如來不
與惡人同止坐起語言談論猶如大海不宿
死屍如鴛鴦鳥不住圊廁釋提桓因不與鬼
住鳩翅羅鳥不棲枯樹如來亦尒我當云[illegible]
而得往見設其見者我身將不陷入地耶我
觀如來寧近醉象師子虎狼猛火熾炎終不
近於重惡之人是故我今思惟是已當有何
心往見如來耆婆荅言大王譬如渴人速赴
清泉飢夫求食怖者求救病求良醫熱求蔭
涼寒者求火王今求佛亦應如是大王如來
尚爲一闡提等演說法要何况大王非一[illegible]
提而當不蒙慈悲救濟王言耆婆我昔曾聞
一闡提者不信不聞不能觀察不得義理何

一闡提者不信不聞不能觀察不得義理何
故如来而爲説法耆婆荅言大王譬如有人
身遇重病是人夜夢昇一柱殿服蘇油膩及
以塗身卧灰食灰攀上枯樹或與獼猴遊行
坐卧沉水沒泥墮墜樓殿高山樹木象馬
羊身著青黄赤黑色衣喜咲歌儛或見烏鷲
狐狸之屬齒髮墮落裸形枕狗卧糞穢中復
與亡者行住坐起攜手食噉毒虵滿路而從
中過或復夢與被髮女人共相抱持多羅樹
葉以爲衣服乘壞驢車正南而遊是人夢已
心生愁惱以愁惱故身病踰增以病增故諸
家親屬遣使命醫所可遣使形體缺短根不
具足頭蒙塵土著弊壞衣載故壞車語彼醫
言速疾上車尒時良醫即自思惟今見是使

日十二日十四日如是日者病亦難治復作是
念日雖不吉復當占星為可治不若是火
星奎星昴星閻羅王星濕星滿星如是星時
病亦難治復作是念星雖不吉復當觀時若
是秋時冬時及日入時夜半時月入時當知
是病亦難可治復作是念如是衆相雖復不
吉或定不定當觀病人若有福德皆可療治
若无福德雖吉何益思惟是已尋與使俱在
路復念若彼病者有長壽相則可療治短壽
相者則不可治即於前路見二小兒相挐鬪
諍捉頭拔髮瓦石刀杖共相撩打見人持火
自然弥滅或見有人斫罸樹木或復見人手
曳皮草隨路而行或見道路有遺落物或見
有人執持空器或見沙門獨行无侶復見虎

有人執持空器或見沙門獨行无侶復見虎
狼烏鷲野狐見是事已復作是念所遣使人
乃至道路所見諸相悉皆不祥當知病者定
難療治復作是念我若不往則非良師如其
往者不可救療復自念言如是衆相雖復不
祥且當捨置往至病所思惟是已復於前路
聞如是聲所謂亡失死喪出破壞折剝脫墮
墜負燒不來不可療治不能拔濟復聞南方
有飛鳥聲所謂烏鷲舍利鳥聲若拘若鼠野
狐兔猪聞是聲已復作是念當知病者難可
療治尒時即入病人舍宅見彼病人數寒數
熱骨節頭痛目赤流淚耳聲聞外咽喉結痛
舌上裂破其色匝黑頭不自勝體枯无汗大
小便利擁隔不通身卒肥大紅赤異常語聲
[illegible]大體生駁其色青黃其腹張

意志云何答言大師其人本來敬信三寶及
以諸天今者變異敬信情息本喜惠施今者
慳悋本性少食今則過多本性弊惡今則和
善本性慈孝恭敬父母今於父母无恭敬心
醫聞是已即前嗅之憂鉢羅香沉水雜香必
迦香多伽羅香多摩羅跋香鬱金香栴檀香
炙肉臭蒲桃酒臭燒筋骨臭魚臭糞臭知香
臭已即前觸身覺身細濡猶如繒綿劫貝
娑華或鞕如石或冷如冰或熱如火或澁如沙
尒時良醫見如是等種種相已定知病者必
死不疑然不定言是人當死語瞻病者吾今
悤務明當更來隨其所須恣意勿遮即便還
家明日使到復語使言我事未訖兼未合藥
智者當知如是病者必死不疑大王世尊亦
尒一闡提輩善知根性而為說法何以故若

智者當知如是病者必死不疑大王世尊亦
尒一闡提輩善知根性而為說法何以故若
不為說一切凡夫當言如來无大慈悲有慈
悲者名一切智若无慈悲云何說言一切智
人是故如來為一闡提而演說法大王如來
世尊見諸病者常施法藥病者不服非如來
咎大王一闡提輩分別有二一者能得現在
善根二者能得後世善根如來善知一闡提
輩能於現在得善根者則為說法後世得者
亦為說法今雖无益作後世因是故如來為
一闡提演說法要一闡提者復有二種一者
利根二者中根利根之人於現在世能得善
根中根之人後世則得諸佛世尊不空說法
大王譬如淨人墜墮圊廁有善知識見而愍
之尋前捉髮而拔出之諸佛如來亦復如是

如來審如是者明當選擇良日吉星然後乃
往耆婆白王大王如來法中无有選擇良日
吉星大王如重病人猶不看日時節吉凶唯
求良藥王今病重求佛良醫不應選擇良時
好日大王如栴檀火及伊蘭火二俱燒相无
有異也吉日凶日亦復如是若到佛所俱得
滅罪唯願大王今日速往尒時大王即命一
臣名曰吉祥而告之言大臣當知吾今欲往
佛世尊所速辨供養所須之具臣言大王善
哉善哉所須供具一切悉有阿闍世王與其
夫人嚴駕車乘一万二千姝壯大爲其數五
万一一爲上各載三人費持幡蓋華香伎樂
種種供具无不備足導從馬騎有十八万摩
伽陁國所有人民尋從王者其數足滿五十
八万尒時拘尸那城所有大衆滿十二由旬

八万尒時拘尸那城所有大衆滿十二由旬
悉皆遥見阿闍世王與其眷屬尋路而來尒
時佛告諸大衆言一切衆生為阿耨多羅三
藐三菩提近因緣者莫若善友何以故阿闍
世王若不隨順耆婆語者來月七日必定命
終墮阿鼻獄是故近因莫若善友阿闍世王

BD00247 妙法蓮華經卷四

（後秦）鳩摩羅什 譯

301.3cm × 24cm

持世

中説　阿難持法者　當供養諸佛　然後成正覺
山海慧　自在通王佛　其國土清淨　名常立勝幡
教化諸菩薩　其數如恒沙　佛有大威德　名聞滿十方
壽命无有量　以愍衆生故　正法倍壽命　像法復倍是
如恒河沙等　无數諸衆生　於此佛法中　種佛道因緣
尒時會中新發意菩薩八千人咸作是念我
等尚不聞諸大菩薩得如是記有何因緣而
諸聲聞得如是決尒時世尊知諸菩薩心之
所念而告之曰諸善男子我與阿難等於空
王佛所同時發阿耨多羅三藐三菩提心阿
難常樂多聞我常勤精進是故我已得成阿
耨多羅三藐三菩提而阿難護持我法亦護

[illegible]
願如是故獲斯記阿難面於佛前自聞授記
及國土莊嚴所願具足心大歡喜得未曾有即
時憶念過去无量千萬億諸佛法藏通達无
礙如今所聞亦識本願尒時阿難而說偈言
世尊甚希有　令我念過去　无量諸佛法　如今日所聞
我今无復疑　安住於佛道　方便為侍者　護持諸佛法
尒時佛告羅睺羅汝於來世當得作佛号蹈
七寶華如來應供正遍知明行足善逝世間
解无上士調御丈夫天人師佛世尊當供養
十世界微塵等數諸佛如來常為諸佛而作
長子猶如今也是蹈七寶華佛國土莊嚴壽
命劫數所化弟子正法像法亦如山海慧自在
通王如來无異亦為此佛而作長子過是已
後當得阿耨多羅三藐三菩提尒時世尊

[illegible]過是已
後當得阿耨多羅三藐三菩提尒時世尊
欲重宣此義而說偈言
我為太子時　羅睺為長子　我今成佛道　受法為法子
於未来世中　見无量億佛　皆為其長子　一心求佛道
羅睺羅密行　唯我能知之　現為我長子　以示諸衆生
无量億千万　功德不可數　安住於佛法　以求无上道
尒時世尊見學无學二千人其意柔軟寂然
清淨一心觀佛佛告阿難汝見是學无學二
千人不唯然已見阿難是諸人等當供養五
十世界微塵數諸佛如来恭敬尊重護持
法藏末後同時於十方國各得成佛皆同一号
名曰寶相如来應供正遍知明行足善逝世
間解无上士調御丈夫天人師佛世尊壽命
一劫國土莊嚴聲聞菩薩正法像法皆悉同

尒時世尊欲重宣此義而說偈言
是二千聲聞　今於我前住　悉皆與授記　未來當成佛
所供養諸佛　如上說塵數　護持其法藏　後當成正覺
各於十方國　悉同一名号　俱時坐道場　以證无上慧
皆名為寶相　國土及弟子　正法與像法　悉等无有異
咸以諸神通　度十方衆生　名聞普周遍　漸入於涅槃
尒時學无學二千人聞佛授記歡喜踊躍而
說偈言
世尊慧燈明　我聞授記音　心歡喜充滿　如甘露見灌

妙法蓮華經法師品第十

尒時世尊因藥王菩薩告八萬大士藥王汝
見是大衆中无量諸天龍王夜叉乾闥婆阿
脩羅迦樓羅緊那羅摩睺羅伽人與非人及
比丘比丘尼優婆塞優婆夷求聲聞者求辟
支佛者求佛道者如是等類咸於佛前聞妙

BD00247　妙法蓮華經卷四

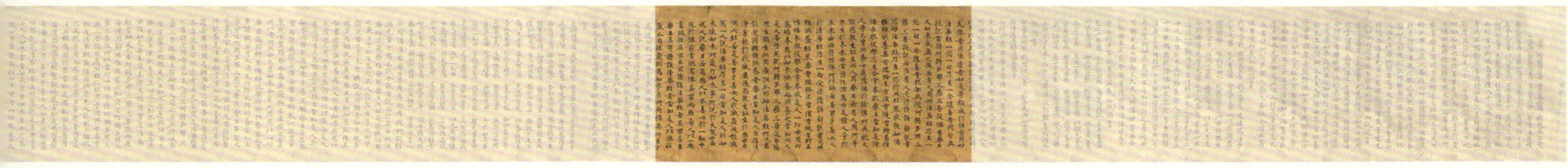

比丘比丘尼優婆塞優婆夷求聲聞者求辟
支佛者求佛道者如是等類咸於佛前聞妙
法華經一偈一句乃至一念隨喜者我皆與
授記當得阿耨多羅三藐三菩提佛告藥王
又如來滅度之後若有人聞妙法華經乃至一
偈一句一念隨喜者我亦與授阿耨多羅三
藐三菩提記若復有人受持讀誦解說書
寫妙法華經乃至一偈於此經卷敬視如佛
種種供養華香瓔珞末香塗香燒香繒蓋幢
幡衣服伎樂乃至合掌恭敬藥王當知是諸
人等已曾供養十萬億佛於諸佛所成就大
願愍衆生故生此人間藥王若有人問何等
衆生於未來世當得作佛應示是諸人等於
未來世必得作佛何以故若善男子善女人
於法華經乃至一句受持讀誦解說書寫種

幢幡衣服伎樂合掌恭敬是人一切世間所
應瞻奉應以如來供養而供養之當知此人
是大菩薩成就阿耨多羅三藐三菩提哀愍
衆生願生此間廣演分別妙法華經何況盡
能受持種種供養者藥王當知是人自捨清
淨業報於我滅度後愍衆生故生於惡世廣
演此經若是善男子善女人我滅度後能竊
爲一人說法華經乃至一句當知是人則如
來使如來所遣行如來事何況於大衆中廣
爲人說藥王若有惡人以不善心於一劫中
現於佛前常毀罵佛其罪尚輕若人以一惡
言毀呰在家出家讀誦法華經者其罪甚重
藥王其有讀誦法華經者當知是人以佛莊
嚴而自莊嚴則爲如來肩所荷擔其所至方

BD00247　妙法蓮華經卷四

…讀誦法華經者當知是人以佛莊
嚴而自莊嚴則為如來肩所荷擔其所至方
應隨向礼一心合掌恭敬供養尊重讚歎華
香瓔珞末香塗香燒香繒蓋幢幡衣服餚饌
作諸伎樂人中上供而供養之應持天寶而
以散之天上寶聚應以奉獻所以者何是人
歡喜說法須臾聞之即得究竟阿耨多羅三
藐三菩提故尒時世尊欲重宣此義而說偈
言
若欲住佛道　成就自然智　常當勤供養　受持法華者
其有欲疾得　一切種智慧　當受持是經　并供養持者
若有能受持　妙法華經者　當知佛所使　愍念諸眾生
諸有能受持　妙法華經者　捨於清淨土　愍眾故生此
當知如是人　自在所欲生　能於此惡世　廣說無上法
應以天華香　及天寶衣服　天上妙寶聚　供養說法者

上饌衆甘美　及種種衣服　供養是佛子　兾得須臾聞
若能於後世　受持是經者　我遣在人中　行於如來事
若於一劫中　常懷不善心　作色而罵佛　獲无量重罪
其有讀誦持　是法華經者　須臾加惡言　其罪復過彼
有人求佛道　而於一劫中　合掌在我前　以无數偈讚
由是讚佛故　得无量功德　歎美持經者　其福復過彼
於八十億劫　以最妙色聲　及與香味觸　供養持經者
如是供養已　若得須臾聞　則應自欣慶　我今獲大利
藥王今告汝　我所說諸經　而於此經中　法華最第一
尒時佛復告藥王菩薩摩訶薩我所說經
典无量千億已說今說當說而於其中此法
華經最為難信難解藥王此經是諸佛秘要
之藏不可分布妄授與人諸佛世尊之所守
護從昔已來未曾顯說而此經者如來現在

BD00247　妙法蓮華經卷四

護從昔已来未曾顯說而此經者如来現在
猶多怨嫉況滅度後藥王當知如来滅後其
能書持讀誦供養為他人說者如来則為以
衣覆之又為他方現在諸佛之所護念是人
有大信力及志願力諸善根力當知是人與
如来共宿則為如来手摩其頭藥王在在處
處若說若讀若誦若書若經卷所住處皆
應起七寶塔極令高廣嚴飾不須復安舍利
所以者何此中已有如来全身此塔應以一切
華香瓔珞繒蓋幢幡伎樂歌頌供養恭敬尊
重讚歎若有人得見此塔礼拜供養當知是
等皆近阿耨多羅三藐三菩提藥王多有人
在家出家行菩薩道若不能得見聞讀誦書
持供養是法華經者當知是人未善行菩薩

其有衆生求佛道者若見若聞是法華經聞
已信解受持者當知是人得近阿耨多羅三
藐三菩提藥王譬如有人渴乏須水於彼高
原穿鑿求之猶見乾土知水尚遠施功不已
轉見濕土遂漸至泥其心決定知水必近菩薩
亦復如是若未聞未解未能脩習是法華
經當知是人去阿耨多羅三藐三菩提尚遠
若得聞解思惟脩習必知得近阿耨多羅三
藐三菩提所以者何一切菩薩阿耨多羅三
藐三菩提皆屬此經此經開方便門示真實
相是法華經藏深固幽遠无人能到今佛教
化成就菩薩而為開示藥王若有菩薩聞是
法華經驚疑怖畏當知是為新發意菩薩
若聲聞人聞是經驚疑怖畏當知是為增上慢

BD00247　妙法蓮華經卷四

法華經驚疑怖畏當知是為新發意菩薩
若聲聞人聞是經驚疑怖畏當知是為增上慢
者藥王若有善男子善女人如来滅後欲為
四衆說是法華經者云何應說是善男子善
女人入如来室著如来衣坐如来座尒乃應
為四衆廣說斯經如来室者一切衆生中大
慈悲心是如来衣者柔和忍辱心是如来座者
一切法空是安住是中然後以不懈怠心為
諸菩薩及四衆廣說是法華經藥王我於
餘國遣化人為其集聽法衆亦遣化比丘比
丘尼優婆塞優婆夷聽其說法是諸化人聞
法信受隨順不逆若說法者在空閑處我
時廣遣天龍鬼神乾闥婆阿脩羅等聽其說
我雖在異國時時令說法者得見我身若於

此義而說偈言

欲捨諸懈怠　應當聽此經　是經難得聞　信受者亦難
如人渴須水　穿鑿於高原　猶見乾燥土　知去水尚遠
漸見濕土泥　決定知近水　藥王汝當知　如是諸人等
不聞法華經　去佛智甚遠　若聞是深經　決了聲聞法
是諸經之王　聞已諦思惟　當知此人等　近於佛智慧
若人說此經　應入如來室　著於如來衣　而坐如來座
處衆无所畏　廣爲分別說　大慈悲爲室　柔和忍辱衣
諸法空爲座　處此爲說法　若說此經時　有人惡口罵
加刀杖瓦石　念佛故應忍　我千万億土　現淨堅固身
於无量億劫　爲衆生說法　若我滅度後　能說此經者
我遣化四衆　比丘比丘尼　及清淨士女　供養於法師
引導諸衆生　集之令聽法　若人欲加惡　刀杖及瓦石
則遣變化人　爲之作衛護　若說法之人　獨在空閑處
寂寞无人聲　讀誦此經典　我爾時爲現　清淨光明身

寂漠无人聲　讀誦此經典　我尒時爲現　清淨光明身
若忘失章句　爲説令通利　若人具是德　或爲四衆説
空處讀誦經　皆得見我身　若人在空閑　我遣天龍王
夜叉鬼神等　爲作聽法衆　是人樂説法　分別无罣㝵
諸佛護念故　能令大衆喜　若親近法師　速得菩薩道
隨順是師學　得見恒沙佛

妙法蓮華經見寶塔品第十一

尒時佛前有七寶塔高五百由旬縱廣二百
五十由旬從地踊出住在空中種種寶物而
莊校之五千蘭楯龕室千万无數幢幡以爲
嚴餝垂寶瓔珞寶鈴万億而懸其上四面皆
出多摩羅跋栴檀之香充遍世界其諸幡蓋

BD00248 無量壽宗要經（甲本）

BD00248v 社司轉帖雜寫

175.5cm × 31cm

南謨薄伽勃底一阿波唎蜜哆二阿喻紇
怛姪他唵七薩婆桒悉迦囉八波唎輸底九
婆娑婆毗輸底十三摩訶娜耶十四波
尒時復有七姟佛一時同聲說是無量壽
南謨薄伽勃底一阿波唎蜜哆二阿喻紇硯娜……毗你悉指
怛姪他唵七薩婆桒悉迦羅八波唎輸底九達磨底十伽迦娜十一莎訶某特迦底十二
薩婆婆毗輸底十三摩訶娜耶十四波唎婆唎莎訶十五
尒時復有六十五姟佛一時同聲說是無量壽宗要經陁羅尼曰
南謨薄伽勃底一阿波唎蜜哆二阿喻紇硯娜三須毗你悉指陁四囉佐耶五怛他羯他耶六
怛姪他唵七薩婆桒悉迦羅八波唎輸底九達磨底十伽迦娜十一莎訶某特迦底十二
薩婆婆毗輸底十三摩訶娜耶十四波唎婆唎莎訶十五
尒時復有五十五姟佛一時同聲說是無量壽宗要經陁羅尼曰
南謨薄伽勃底一阿波唎蜜哆二阿喻紇硯娜三須毗你悉指陁四囉佐耶五怛他羯他耶六
怛姪他唵七薩婆桒悉枷囉八波唎輸底九達磨底十伽迦娜十一莎訶某特迦底十二
薩婆婆毗輸底十三摩訶娜耶十四波唎婆唎莎訶十五
尒時復有四十五姟佛一時同聲說是無量壽宗要經陁羅尼曰

尒時復有四十五殑伽佛一時同聲說是无量壽宗要經陁羅尼曰
南謨薄迦薄底一阿波唎蜜哆二阿波唎蜜哆三須毗你悉指陁四囉佐耶五怛他羯他耶
怛姪他唵七薩婆桑悉迦囉八波唎輸底九達磨底十伽迦娜十一莎訶某特迦底十二薩
婆婆毗輸底十三摩訶娜耶十四波唎婆唎莎訶十五
尒時復有三十六殑伽佛一時同聲說是无量壽宗要經陁羅尼曰
南謨薄伽勃底一阿波唎蜜哆二阿喻紇硯娜三須毗你悉指陁囉佐耶五怛他羯他耶六怛姪
他唵七薩婆桑悉迦囉八波唎輸底九達磨底十伽迦娜十一莎訶某特迦底十二薩婆婆
毗輸底十三摩訶娜耶十四波唎婆唎莎訶十五
尒時復有二十五殑伽佛一時同聲說是无量壽宗要經陁羅尼曰
南謨薄伽勃底一阿波唎蜜哆二阿喻紇硯娜三須毗你悉指陁四囉佐耶五怛他羯他耶六
怛姪他唵七薩婆桑悉迦囉八波唎輸底九達磨底十伽迦娜十一莎訶某特迦底十二
薩婆婆毗輸底十三摩訶娜耶十四波唎婆唎莎訶十五
尒時復有恒河沙殑伽佛一時同聲說是无量壽宗要經陁羅尼曰
南謨薄伽勃底一阿波唎蜜哆二阿喻紇硯娜三須毗你悉指陁四囉佐耶五怛他羯他耶六
怛姪他唵七薩婆桑悉迦囉八波唎輸底九達磨底十伽迦娜十一莎訶某特迦底十二薩婆
婆毗輸底十三摩訶娜耶十四波唎婆唎莎訶十五

婆毗輸底十三摩訶娜耶十四波唎婆唎莎訶十五
善男子若有自書寫教人書寫是无量壽宗要經如其命盡復得長壽而滿年陁羅尼
日南謨薄伽勃底一阿波唎蜜哆二阿喩紇硯娜三須毗你悉指陁四囉佐耶五怛他羯他耶六
怛姪他唵七薩婆桑悉迦囉八波唎輸底九達磨底十伽迦娜十一莎訶其特迦底十二薩婆
婆毗輸底十三摩訶娜耶十四波唎婆唎莎訶十五
介時自書寫教人書寫是无量壽宗要經讀誦受持讀誦畢竟不墮地獄在在
所生得宿命智陁羅尼日南謨薄伽勃底一阿波唎蜜哆二阿喩紇硯娜三須毗你悉指陁
囉佐耶五怛他羯他耶六怛姪他唵七薩婆桑悉迦囉八波唎輸底九達磨底十伽迦娜十一莎訶其
特迦底十二薩婆婆毗輸底十三摩訶娜耶十四波唎婆唎莎訶十五
若有自書寫教人書寫是无量壽宗要經受持讀誦如同書寫八万四千部一切經曲陁羅
尼日南謨薄伽勃底一阿波唎蜜哆二阿喩紇硯娜三須毗你悉指陁四囉佐耶五怛他羯他耶六
怛姪他唵七薩婆桑悉迦囉八波唎輸底九達磨底十伽迦娜十一莎訶其特迦底十二薩
婆婆毗輸底十三摩訶娜耶十四波唎婆唎莎訶十五
若有自書寫教人書寫是无量壽宗要經即是書寫八万四千部建立搭廟陁羅尼日
南謨薄伽勃底一阿波唎蜜哆二阿喩紇硯娜三須毗你悉指陁囉佐耶五怛他羯他耶六怛姪
他唵七薩婆桑悉迦囉八波唎輸底九達磨底十伽迦娜十一莎訶其特迦底十二薩婆

伽唵七　薩婆桑塞迦囉八　波唎輸底九　達摩底十　伽伽娜十一　莎訶其特迦底十二　薩
婆毗輸底十三　摩訶娜耶十四　波唎婆唎莎訶十五
若有自書寫教人書寫是无量壽宗要經能消五无間等一切重罪羅尼曰
南謨薄伽勃底一　阿波唎蜜哆二　阿喻紇硯娜三　須毗你失指陁四　囉佐耶五　怛他揭他耶六　怛姪
他唵七　薩婆桑塞迦囉八　波唎輸底九　達摩底十　伽伽娜十一　莎訶其特迦底十二　薩婆婆
毗輸底十三　薩婆婆毗輸底十三　摩訶娜耶十四　波唎婆唎莎訶十五
若有自書寫教人書寫是无量壽宗要經受持讀誦設有重罪猶如須彌盡能除滅
陁羅尼曰　南謨薄伽勃底一　阿波唎蜜哆二　阿喻紇硯娜三　須毗你失指陁四　囉佐耶五　怛他揭
他耶六　怛姪他唵七　薩婆桑塞迦囉八　波唎輸底九　達摩底十　伽伽娜十一　莎訶其特迦底十二　薩
婆婆婆毗輸底十三　摩訶娜耶十四　波唎婆唎莎訶十五
若有自書寫教人書寫是无量壽宗要經受持讀誦若魔魔之眷屬夜叉羅剎不得其便終
无枉死陁羅尼曰　南謨薄伽勃底一　阿波唎蜜哆二　阿喻紇硯娜三　須毗你失指陁四　囉佐耶五　怛他揭他耶
怛姪他唵七　薩婆桑塞迦囉八　波唎輸底九　達摩底十　伽伽娜十一　莎訶其特迦底十二　薩婆婆毗輸
底十三　摩訶娜耶十四　波唎婆唎莎訶十五
若有自書寫教人書寫是无量壽宗要經受持讀誦當命終時有九十九姟佛現其
人前萬千佛授手能遊一切佛剎莫於此經生於疑惑　陁羅尼曰
南謨薄伽勃底一　阿波唎蜜哆二　阿喻紇硯娜三　須毗你失指陁四　囉佐耶五　怛他揭他耶六　怛姪他

人前蒙千佛授手能遊一切佛刹莫於此經生於疑惑陁羅尼曰
南謨薄伽勃底一阿波唎蜜哆二阿喻紇硯娜三須毗你悉指陁四囉佐耶五怛他羯他耶六怛姪他
唵七薩婆桑悉迦囉八波唎輸底九達摩底十伽迦娜十一莎訶某特迦底十二薩婆婆毗
輸底十三摩訶娜耶十四波唎婆唎莎訶十五
若有自書寫教人書寫是无量壽宗要經受持讀誦常得四天大王隨其衛護陁羅尼
曰南謨薄伽勃底一阿波唎蜜哆二阿喻紇硯娜三須毗你悉指陁四囉佐耶五怛他羯他耶六怛姪
他唵七薩婆桑悉迦囉八波唎輸底九達摩底十伽迦娜十一莎訶某特迦底十二薩婆
婆毗輸底十三摩訶娜耶十四波唎婆唎莎訶十五
若有自書寫教人書寫是无量壽宗要經受持讀誦當得往生西方極樂世界阿弥
陁淨土陁羅尼曰 南謨薄伽勃底一阿波唎蜜哆二阿喻紇硯娜三須毗你悉指陁四囉佐耶五
怛他羯他耶六怛姪他唵七薩婆桑悉迦囉八波唎輸底九達摩底十伽迦娜十一莎訶某特迦
底十二薩婆婆毗輸底十三摩訶娜耶十四波唎婆唎莎訶十五
若有方所自書寫使人書寫是无壽經典之處則爲是塔皆應恭敬作礼若是人畜生
或爲鳥獸得聞是經如是等類皆當不久得成一切種智陁羅尼曰
南謨薄伽勃底一阿波唎蜜哆二阿喻紇硯娜三須毗你悉指陁四囉佐耶五怛他羯他耶六怛姪
他唵七薩婆桑悉迦囉八波唎輸底九達摩底十伽迦娜十一莎訶某特迦底十二薩婆

他咥七 薩婆桑悉迦囉八 波唎輸底九 達磨底十 伽迦娜十一 莎訶其特迦底十二 薩婆

婆毗輸底十三 摩訶娜耶十四 波唎〻莎訶 十五

若有於是无量壽經自書寫若使人書畢竟不受女人之身陁羅尼曰

南謨薄伽勃底一 阿波唎蜜哆二 阿喻紇硯娜三 須毗你悉指陁四 囉佐耶五 怛他羯他耶六

怛姪他唵七 薩婆桑悉迦囉八 波唎輸底九 達磨底十 伽迦娜十一 莎訶其特迦底十二 薩

婆婆毗輸底十三 摩訶娜耶十四 波唎婆唎莎訶 十五

若有能於是經少分能惠施者等於三千大千世界滿中七寶布施陁羅尼曰

南謨薄伽勃底一 阿波唎蜜哆二 阿喻紇硯娜三 須毗你悉指陁四 囉佐耶五 怛他羯他耶六

怛姪他唵七 薩婆桑悉迦囉八 波唎輸底九 達磨底十 伽迦娜十一 莎訶其特迦底十二 薩

婆婆毗輸底十三 摩訶娜耶十四 波唎婆唎莎訶 十五

若有能供養是經者則是供養一切諸經壽无有別其陁羅尼曰

南謨薄伽勃底一 阿波唎蜜哆二 阿喻紇硯娜三 須毗你悉指陁四 囉佐耶五 怛他羯他耶六

怛姪他唵七 薩婆桑悉迦囉八 波唎輸底九 達磨底十 伽迦娜十一 莎訶其特迦底十二

薩婆婆毗輸底十三 摩訶娜耶十四 波唎婆唎莎訶 十五

如是毗婆尸佛 尸弃佛 毗舍浮佛 俱留孫佛 俱那含牟尼佛 迦葉佛 釋迦牟尼佛

若有人以七寶供養如是七佛其福有限書寫受持是无量壽經典所有功德不可限

若有人以七寶供養如是七佛其福有限書寫受持是无量壽經典所有功德不可限
量陀羅尼曰 南謨薄伽勃底一阿波唎蜜哆二阿喻紇硯娜三須毗你悉指陀四囉佐耶五怛他
羯他耶六怛姪他唵七薩婆桑悉迦囉八波唎輸底九達磨底十伽伽娜十一莎訶某特伽底十二
薩婆婆毗輸底十三摩訶娜耶十四波唎婆唎莎訶十五
若有七寶等於須彌以用布施其福上能知其限量是无量壽經典其福不可知數陀
羅尼曰 南謨薄伽勃底一阿波唎蜜哆二阿喻紇硯娜三須毗你悉指陀四囉佐耶五怛他羯他耶六
怛姪他唵七薩婆桑悉迦囉八波唎輸底九達磨底十伽伽娜十一莎訶某特伽底十二薩婆
婆毗輸底十三摩訶娜耶十四波唎婆唎莎訶十五
如是四大海水可知滴數是无量壽宗要經所生果報不可數量陀羅尼曰
南謨薄伽勃底一阿波唎蜜哆二阿喻紇硯娜三須毗你悉指陀四囉佐耶五怛他羯他耶六怛
姪他唵七薩婆桑悉迦囉八波唎輸底九達磨底十伽伽娜十一莎訶某特伽底十二薩
婆婆毗輸底十三摩訶娜耶十四波唎婆唎莎訶十五
若有自書使人書寫是无量壽經典又能讀持供養即如恭敬供養一切十方佛
土如來无有別異陀羅尼曰 南謨薄伽勃底一阿波唎蜜哆二阿喻紇硯娜三須毗你
悉指陀四囉佐耶五怛他羯他耶六怛姪他唵七薩婆桑悉迦囉八波唎輸底九達磨底十
伽伽娜十一莎訶某特伽底十二薩婆婆毗輸底十三摩訶娜耶十四波唎婆唎莎訶十五

[illegible]

布施力能成正覺　悟布施力人師子　布施力能聲普聞　慈悲階漸最能入

持戒力能成正覺　悟持戒力人師子　持戒力能聲普聞　慈悲階漸最能入

忍辱力能成正覺　悟忍辱力人師子　忍辱力能聲普聞　慈悲階漸最能入

精進力能成正覺　悟精進力人師子　精進力能聲普聞　慈悲階漸最能入

禪定力能成正覺　悟禪定力人師子　禪定力能聲普聞　慈悲階漸最能入

智慧力能成正覺　悟智慧力人師子　智慧力能聲普聞　慈悲階漸最能入

尒時如來說是經已一切世間天人阿脩羅揵闥婆等聞佛所說皆大歡喜信受奉行

佛說无量壽宗要經

康文英

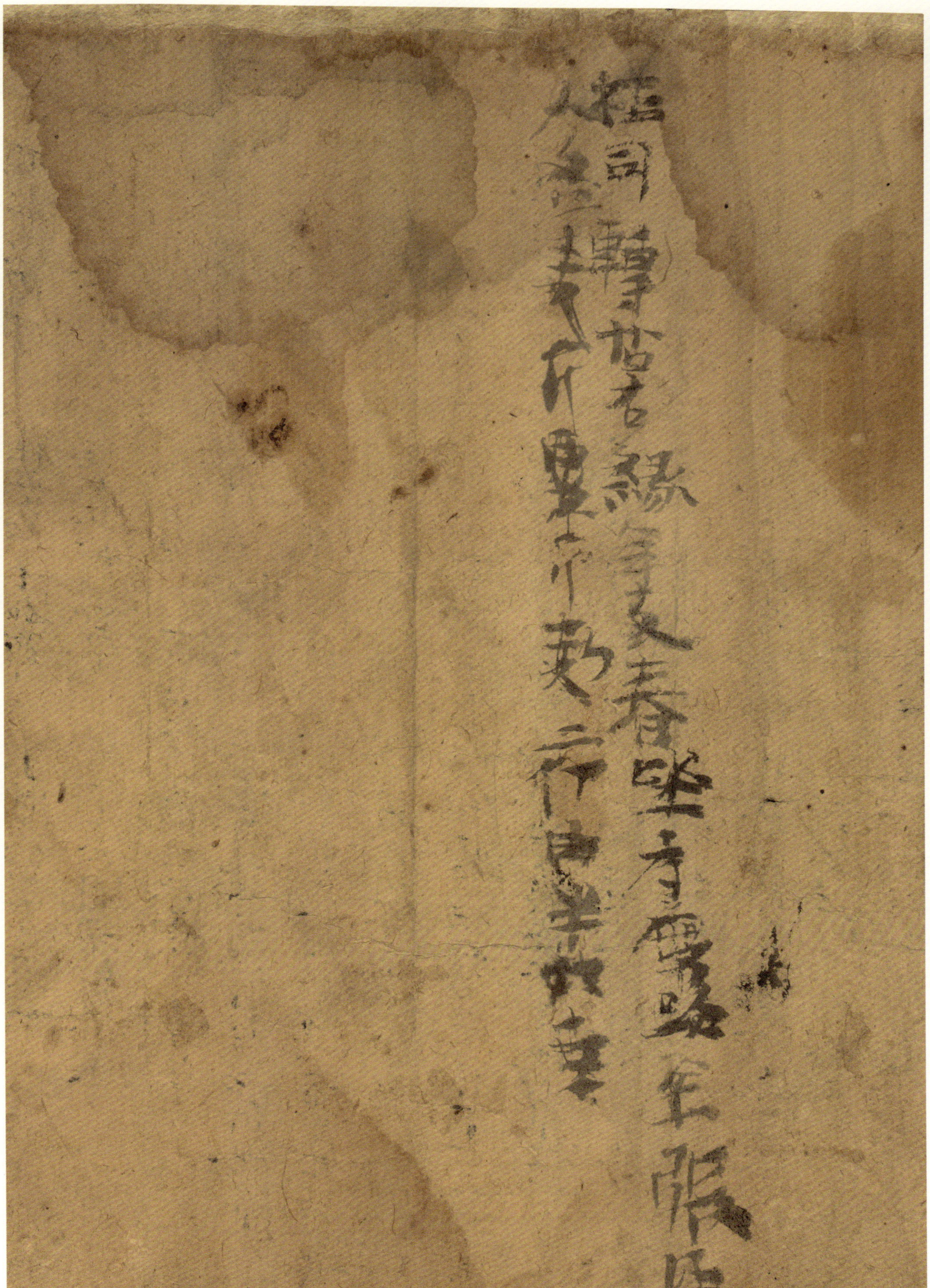

社司轉帖 右緣年支春坐局席 □張□□
人各麥□斤粟□斤麪二斤□半升

BD00248v 社司轉帖雜寫

BD00249 佛名經（十六卷本）卷一二

424.5cm × 25.7cm

南无甘露功德稱
南无師子吼佛　南无散華佛
南无勝佛　南无无㝵智作佛
南无一切樂作佛　南无尊勝佛
南无吉王佛　南无一切世間道自在王佛
南无須弥劫佛　南无勝須弥佛
南无解勝佛　南无世間聲佛
南无堅奮迅佛　南无堅自在佛
南无旃檀勝佛　南无不差别佛
南无息功德佛　南无善心有佛
南无能斷一切業佛　南无相佛
南无寶勝佛　南无寶輪佛

南无等諸莊嚴稱佛
南无華嚴光明佛　南无出　大佛
南无畏觀佛　南无師子奮迅佛
南无寶精進日月光明莊嚴功德智聲王佛
南无初發心念斷一切疑煩惱佛
南无破一切闇　勝佛
南无寶炎佛　南无栴檀香佛
南无大寶炎佛　南无華幢佛
南无普勝帝沙佛　南无滿賢佛
南无最力精進奮迅佛　南无香勝佛
南无勝稱　佛　南无淨饒佛
南无華勝佛　南无離塵佛
南无得功德佛　南无不動佛
南无栴檀佛　南无因陁羅[illegible]佛

BD00249　佛名經（十六卷本）卷一二

南无旃檀佛　南无因陁羅財佛
南无樂山佛　南无能匕佛
南无因陁羅幢佛　南无无畏作佛
南无冨樓那佛　南无弗沙佛
南无法水清淨虛空界王佛
南无普智光明勝王佛
南无香光明功德莊嚴王佛
南无普智聲王佛
南无一切四无畏燃燈佛
南无普善速勝王佛
南无善光大光佛
南无普門智照聲佛
南无无量功德海藏光明佛

南无清淨眼无垢[illegible]燈佛
南无師子光明勝光佛
南无廣光明智勝幢佛
南无金光明无邊力精進成佛
南无香光明歡喜力海佛
南无成就王佛　南无自在高佛
南无歡喜大海速行佛
南无稱自在光佛　南无廣稱智佛
南无智成就海王幢佛　南无相顯文殊月佛
南无一法海勝王佛　南无智功德法住佛
南无梵自在勝佛　南无過法界勝聲佛
南无不可嫵力普照光明幢佛
南无无垢功德日眼佛
南无无㝵智普光明佛

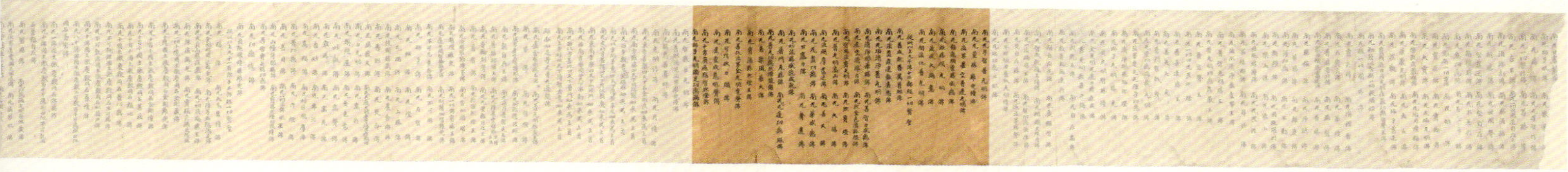

南无无㝵智善光明佛
南无无量勝雞兜幢佛
南无法界虚空普邊光明佛
南无福德相雲勝威德佛
南无照勝頂光明佛
南无法風大海意佛
南无相法化普光明佛
從此以上九千佛十二部經一切賢聖
南无善成就眷屬普照佛
南无法盡疾速歡喜悲佛
南无无垢清淨普光明佛
南无清淨眼華勝佛　南无善智力威德佛
南无虚空清淨月佛　南无然金色須弥燈佛

南无普无眼[illegible]佛　南无大勝[illegible]佛

南无波頭摩奮迅佛　南无善天佛

南无无盡功德佛　南无華威德佛

南无甘露力佛　南无聲邊佛

南无妙法勝威德成就佛

南无普門見勝佛　南无无邊功德照佛

南无普光功德然燈鏡像佛

南无喜樂現華大佛

南无寶須弥然燈王佛

南无善化法界金光明雷聲佛

南无可降伏力顛佛

南无虛空成慧吼聲佛

南无十方廣遍稱智然燈佛

南无師子光明滿足功德海佛

南无師子光明滿足功德海佛
南无智敷華光明佛
南无普眼滿足法界錐兒幢佛
南无勝慧善導師佛
南无光明作佛　南无月幢佛
南无東方善護四天下名金剛良如来爲上首
南无南方難勝四天下曰陁羅如来爲上首
南无西方親意四天下婆樓那如来爲上首
南无北方師子意四天下摩訶弥屋如来爲上首
南无東北方善擇四天下降伏諸魔如来爲上首
南无東南方樂四天下毗沙門如来爲上首
南无西南方堅固四天下不動如来爲上首
南无西北方善地四天下普門如来爲上首
[illegible]

歸命如是等无量无邊諸佛

南无盧舍那威德王佛　南无普光明勝藏王佛

南无界佛　南无智燈佛

南无法界虛空智幢照佛　南无阿彌濫波眼佛

南无龍自在王佛　南无法月普智光王佛

南无普勝彌留王佛　南无无障虛空智雞兜幢王佛

南无普輪到聲佛　南无无量宿自在王佛

南无普香佛　南无彌留然燈王佛

南无阿那羅睺境界佛　南无香毗頭羅佛

南无栴檀雞兜佛　南无一切佛寶勝王佛

南无邊世間智輪雞兜佛　南无阿僧伽智雞兜佛

南无不可思量命佛　南无不可用佛

南无師子佛　南无月智佛

南无照佛　南无燈佛

南无照佛　南无燈佛
南无无垢佛　南无山勝佛
南无波頭勝藏佛　南无盧舍那佛
南无善眼佛　南无梵命佛
南无婆藪天佛　南无无邊光明平等法界莊嚴佛
南无力光明佛　南无高行佛
南无旃檀達佛　南无金色意佛
南无妙飲佛　南无高聲佛
南无寂勝佛　南无高見佛
南无吉妙佛　南无弗沙佛
南无高稱佛　南无妙沙頭摩佛
南无善功德佛　南无作燈佛
南无善目佛　南无一切法佛吼王佛

南无功德憶佛
南无因陁羅幢勝雞兜佛
從此以上九千一百佛十二部經一切賢聖
南无勝佛　南无大悲雲幢佛
南无金剛那羅延雞兜佛　南无障㝵安隱滿足佛
南无大炎山勝莊嚴佛　南无一切法海勝王佛
南无深法海光佛　南无寶髻炎滿足燈佛
南无一切十億國土微塵同名金剛藏佛
南无十億國土微塵數同名金剛雞兜佛
南无十百千國土微塵數同名金剛幢佛
南无十百千國土微塵數同名善法佛
南无十百千國土微塵數同名稱心佛
南无十國土微塵數同名善功德佛

南无十國土微塵數同名普功德佛
南无不可説佛國土微塵數同名不可勝佛
南无不可説佛國土微塵數同名毗婆尸佛
南无十佛國土微塵數同名普幢佛
南无八十億佛國土微塵數不可數百千万億那由他
同名普賢佛
南无一佛國土微塵數同名佛勝佛
南无十佛國土微塵數百千万億那由他不可説同
名普稱自在佛
南无賢勝佛　南无功德海光明勝照藏佛
南无法界虛空滿足不退佛　南无法界吼佛
南无不退轉法界聲佛　南无法樹山威德佛
南无一切法堅固吼王佛　南无寶光然燈幢王佛

南无智炬王佛　南无法電幢王勝佛
南无法燈智師力山威德王佛　南无一切法印吼威德王佛
南无无垢法山威德燈佛　南无法輪光明須佛
南无法光明勝雲佛　南无法海震聲王佛
南无法日智輪燃燈佛　南无法華高幢雲佛
南无法炎山雞兜王佛　南无法行深勝月佛
南无法智普光明藏佛　南无常智作佛
南无山王勝藏王佛
南无普賢弥弥留法疾精進幢佛
南无一切法寶俱蘇摩勝雲佛
南无寂靜光明身髭佛　南无法光明慈鏡像月佛
南无炎勝海佛　南无智日普照佛
南无善輪佛　南无智照頂王佛
南无智山法界十方光明威德王佛

南无智山法界十方光明盛德王佛

次礼十二部經大藏法輪

南无國王薩經　南无阿毗曇經

南无金剛鑾經　南无持世經

南无阿那律八念經　南无等集經

南无迦羅越經　南无阿難問因緣持戒經

南无薩和達王經　南无阿難邠利四時施經

南无阿闍世王經　南无阿閦佛經

南无德光太子經　南无小闍阿經

南无阿陁三昧經　南无胞藏經

南无阿鳩留經　南无漸備一切智經

南无菩薩悔過經　南无阿闍世女經

南无曉所諍不解者經　南无菩薩十遍和經

南无阿[illegible]經　[illegible]

南无菩薩善戒經　南无[illegible]經

南无趣度世道經　南无惟越經

次礼十方諸大菩薩

南无文殊師利菩薩摩訶薩　南无觀世音菩薩

南无大勢至菩薩　南无普賢菩薩

南无龍勝菩薩　南无龍德菩薩

南无勝成就菩薩　南无勝藏菩薩

南无波頭勝菩薩　南无成就有菩薩

南无地持菩薩　南无寶掌菩薩

南无寶印手菩薩　南无子意菩薩

南无虛空藏菩薩　南无奮迅吼聲菩薩

南无發心即轉法輪菩薩

從此以上九千二百佛十二部經一切賢聖

南无一切聲差別樂說菩薩　南无山樂說菩薩

從此以上九千二百佛十二部經一切賢聖
南无一切聲差別樂説菩薩　南无山樂説菩薩
南无大海音菩薩　南无大山菩薩
南无愛見菩薩　南无歡喜王菩薩
南无无邊觀菩薩
次禮聲聞緣覺一切賢聖
南无善快辟支佛　南无違陁辟支佛
南无吉沙辟支佛　南无憂波吉沙辟支佛
南无断有辟支佛　南无憂波支羅辟支佛
南无断愛辟支佛　南无施婆羅辟支佛
南无轉覺辟支佛　南无吉垢辟支佛
南无高去辟支佛　南无阿惹多辟支佛
歸命如是等无量无邊辟支佛
九[illegible]寶[illegible]復藏海

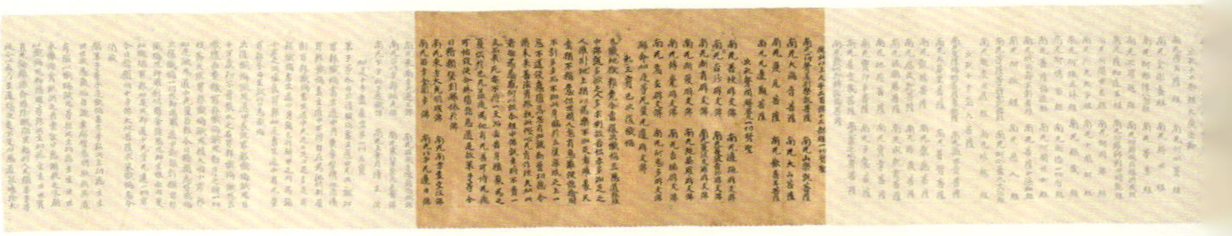

中佛說多欲之人多求利故苦惱亦多知足之
人雖卧地上猶以爲樂不知足者雖處天
堂猶不稱意但世間人忽有急難便能捨財
不計多少而不知此身臨於三塗深坑之上一
息不還便應墮落忽有知識勸營功德令
脩未來善法資糧執此慳心无肯作理夫如此
者極爲愚惑何以故尒經中佛說生時不賫一
文而來死亦不持一文而去苦身積聚爲之
憂惱於已无益徒爲他有无善可恃无德
可怙致使命終墮諸惡道是故弟子等今
日稽顙墾到歸依於佛
南无東方大光明曜佛　南无南方盡空住佛
南无西方金剛步佛　南无北方无邊力佛

南无西方金剛步佛　南无北方无邊力佛
南无東南方无邊王佛　南无西南方壞諸怨賊佛
南无西北方離垢光佛　南无東北方金色光音佛
南无下方師子遊戲佛　南无上方月幢王佛
如是十方盡虛空界一切三寶
弟子等今日次復懺悔畜生道中无所識知
罪報懺悔畜生道中負重牽犁償他宿債
罪報懺悔畜生道中不得自在為他所刲屠
割罪報懺悔畜生道中无足二足四足多足罪
報懺悔畜生道中身諸毛羽鱗甲之內為諸
小虫之所唼食罪報如是畜生道中有无量
罪報今日至誠皆悉懺悔
次復懺悔餓鬼道中長飢罪報懺悔餓鬼百

[illegible]
枝節火然罪報懺悔餓鬼腹大咽小罪報
如是餓鬼道中无量苦報今日稽顙悉皆懺悔
次復懺悔一切鬼神脩羅道中諛諂詐稱罪報
懺悔鬼神羅刹鳩槃茶諸惡鬼神生噉血肉受
此醜陋罪報如是鬼神道中无量无邊一切罪
今日稽顙向十方佛大地菩薩求哀懺悔悉令
消滅
願弟子等承是懺悔畜生等報所生功德生生
世世滅愚癡垢自識業緣智慧明照斷惡道
身願以懺悔餓鬼等報所生功德生生世世
永離慳貪飢渴之苦常飡甘露解脫之味願
以懺悔鬼神脩羅等報所生功德生生世世質
直无諂離耶命因除醜陋果福利人天願弟子等

直无諂離耶命因除醜陋果福利人天願弟子等
從今以去乃至道場決定不受四惡道報唯除大

BD00250 維摩詰所說經卷中

（後秦）鳩摩羅什 譯

147cm×25.5cm

入於此衆生亦无所嬈又舍利弗住不可思議
解脱菩薩新取三千大千世界如陶家
輪著右掌中擲過河沙世界之外其中衆
生不覺不知己之所往又復還置本處都不
使人有往来想而此世界本相如故又舍利
弗或有衆生樂久住世而可度者菩薩即演
七日以為一劫令彼衆生謂之一劫或有衆
生不樂久住而可度者菩薩即促一劫以為
七日令彼衆生謂之七日又舍利弗住不可
思議解脱菩薩以一切佛土嚴飾之事集在
一國示於衆生又菩薩以一佛土衆生置之右
掌飛到十方遍示一切而不動本處又舍利

一毛孔普使見之又舍利弗十方世界所有諸
風菩薩悉　能吸着口中而身无損外諸樹
木亦不摧折又十方世界劫盡燒時以一切火
内於腹中火事如故而不為害又於下方
過恒河沙无數世界如持針鋒擧一棗葉而
无所嬈又舍利弗住不可思議解脫菩薩能
以神通現作佛身或現辟支佛身或現聲聞
身或現帝釋身或現梵王身或現世主身或
現轉輪王身又十方世界所有衆聲上中下
音皆能變之令作佛聲演出无常苦空无
我之音及十方諸佛所說種種之法皆於其中
普令得聞舍利弗我今略說菩薩不可思議
解脫之力若廣說者窮劫不盡是時大迦葉

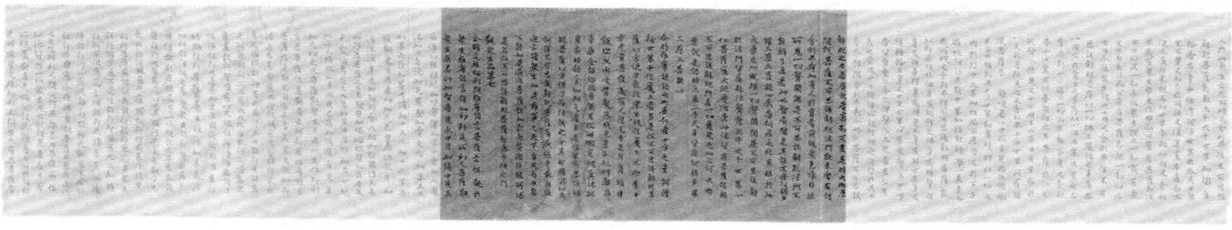

解脫之力若廣說者窮劫不盡是時大迦葉
聞說菩薩不可思議解脫法門歎未曾有謂
舍利弗譬如有人於盲者前現衆色像非彼
所見一切聲聞聞是不可思議解脫法門不
能解了為若此也智者聞是其誰不發阿耨多
羅三藐三菩提心我等何為永絕其根於此
大乘已如敗種一切聲聞聞是不可思議解
脫法門皆應號泣聲震三千大千世界一
切菩薩應大欣慶頂受此法若有菩薩信解
不可思議解脫門者一切魔衆无如之何大迦
葉說是語時三萬二千天子皆發阿耨多羅
三藐三菩提心
尒時維摩詰語大迦葉仁者十方无量阿僧

方无量菩薩或有人從乞手足耳鼻頭目
髓腦血肉皮骨聚落城邑妻子奴婢象馬
車乘金銀瑠璃車渠馬瑙珊瑚虎珀真珠珂
貝衣服飲食如此乞者多是住不可思議解
脫菩薩以方便力而往試之令其堅固所以者
何住不可思議解脫菩薩有威德力故行逼
迫示諸衆生如是難事凡夫下劣无有力勢
不能如是逼迫菩薩譬如龍象蹴踏非驢所堪
是名住不可思議解脫菩薩智惠方便之門

觀衆生品第七

尒時文殊師利問維摩詰言菩薩云何觀於
衆生維摩詰言譬如幻師見所幻人菩薩觀
衆生爲若此如智者見水中月如鏡中見其

衆生爲若此如智者見水中月如鏡中見其
面像如熱時焰如呼聲響如空中雲如水聚
沫如水上泡如芭蕉堅如電久住如第五大
如第六陰如第七情如十三入如十九界菩
薩觀衆生爲若此如无色界色如燋穀牙如
須陁洹身見如阿那含入胎如阿羅漢三毒
如得忍菩薩貪恚毀禁如佛煩惱習如盲者見
色如入滅盡定出入息如空中鳥跡如石女兒
如化人煩惱如夢所見已寤如滅度者受身
如无烟之火菩薩觀衆生爲若此文殊師利
言若菩薩作是觀者云何行慈維摩詰言
菩薩作是觀已自念我當爲衆生說如斯
法是即真實慈也行寂滅慈无所生故行不熱

无所起故行不二之慈内外不合故行不壞慈畢
竟盡故行堅固慈心无毀故行清淨慈諸法
性淨故行无邊慈如虛空故行阿羅漢慈破
結賊故行菩薩慈安衆生故行如来慈得
如相故行佛之慈覺衆生故行自然慈无
因得故行菩提慈等一味故行无等慈斷諸
愛故行大悲慈導以大乘故行无厭慈觀空无
我故行法施慈无遺惜故行持戒慈化毀禁
故行忍辱慈護彼我故行精進慈荷負衆生
故行禪定慈不受味故行智慧慈无不知時
故行方便慈一切示現故行无隱慈直心清
淨故行深心慈无雜行故行无誑慈不虛假
故行安樂慈令得佛樂故菩薩之慈為若此
也文殊師利又問何謂為悲答曰菩薩所作

也文殊師利又問何謂為悲荅曰菩薩所作
功德皆與一切衆生共之何謂為喜荅曰有
所饒益歡喜无悔何謂為捨荅曰所作福祐
无所悕望文殊師利又問生死有畏菩薩當

BD00251 大般若波羅蜜多經卷一二四

（唐）玄奘 譯

BD00251v 勘記

195cm × 25.6cm

一切智智安住苦集滅道聖諦慶喜一切陁
尼門一切陁羅尼門性空何以故以一切陁羅
尼門性空與彼苦集滅道聖諦無二無二
分故世尊云何以一切三摩地門無二為方便
無生為方便無所得為方便迴向一切智
智安住苦集滅道聖諦慶喜一切三摩地
門一切三摩地門性空何以故以一切三摩地
門性空與彼苦集滅道聖諦無二無二分故
慶喜由此故說以一切陁羅尼門菩無二為
方便無生為方便無所得為方便迴向一切
智智安住苦集滅道聖諦世尊云何以一切
陁羅尼門無二為方便無生為方便無所得

門性空何以故以一切陁羅尼門性空與四
靜慮四無量四無色定無二無二分故世尊
云何以一切三摩地門無二為方便無生為
方便無所得為方便迴向一切智智脩習四
靜慮四無量四無色定慶喜一切三摩地
門一切三摩地門性空何以故以一切三摩地
門性空與四靜慮四無量四無色定無二無
二分故慶喜由此故說以一切陁羅尼門等
無二為方便無生為方便無所得為方便迴
向一切智智脩習四靜慮四無量四無色定
世尊云何以一切陁羅尼門無二為方便無
生為方便無所得為方便迴向一切智智脩
習八解脫八勝處九次第定十遍處慶喜一

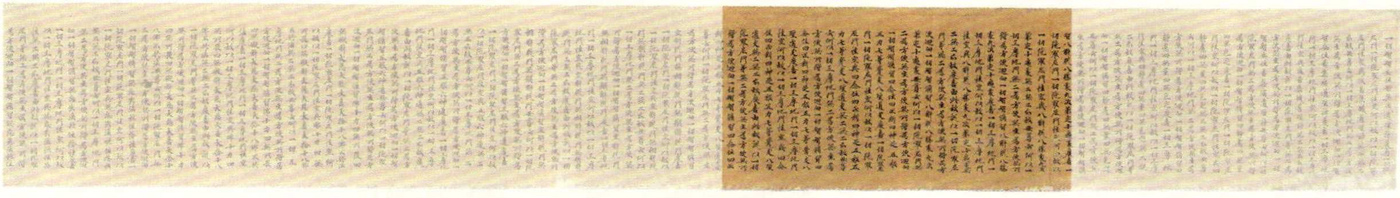

習八解脫八勝處九次第定十遍處慶喜一
切陀羅尼門一切陀羅尼門性空何以故以
一切陀羅尼門性空與八解脫八勝處九次
第定十遍處無二無二分故世尊云何以一
切三摩地門無二為方便無生為方便無所
得為方便迴向一切智智脩習八解脫八勝
處九次第定十遍處慶喜一切三摩地門一
切三摩地門性空何以故以一切三摩地門
性空與八解脫八勝處九次第定十遍處無
二無二分故慶喜由此故說以一切陀羅尼
門等無二為方便無生為方便無所得為方
便迴向一切智智脩習八解脫八勝處九次
第定十遍處世尊云何以一切陀羅尼門無
二為方便無生為方便無所得為方便迴向

五力七等覺支八聖道支慶喜一切陁羅尼
門一切陁羅尼門性空何以故以一切陁羅
尼門性空與四念住四正斷四神足五根五
力七等覺支八聖道支無二無二分故世尊
云何以一切三摩地門無二為方便無生為
方便無所得為方便迴向一切智智脩習四
念住四正斷四神足五根五力七等覺支八
聖道支慶喜一切三摩地門一切三摩地門
性空何以故以一切三摩地門性空與四念
住四正斷四神足五根五力七等覺支八聖
道支無二無二分故慶喜由此故說以一切
陁羅尼門等無二為方便無生為方便無所
得為方便迴向一切智智脩習四念住四正

得為方便迴向一切智智脩習四念住四正
斷四神足五根五力七等覺支八聖道支世
尊云何以一切陁羅尼門無二為方便無生
為方便無所得為方便迴向一切智智脩習
空解脫門無相解脫門無願解脫門慶喜
一切陁羅尼門一切陁羅尼門性空何以故以
一切陁羅尼門性空與空解脫門無相解脫
門無願解脫門無二無二分故世尊云何以
一切三摩地門無二為方便無生為方便無
所得為方便迴向一切智智脩習空解脫門
無相解脫門無願解脫門慶喜一切三摩地
門一切三摩地門性空何以故以一切三摩
地門性空與空解脫門無相解脫門無願解
脫門無二無二分故慶喜由此故說以一切

得為方便迴向一切智智脩習空解脫門無
相解脫門無願解脫門世尊云何以一切陁
羅尼門無二為方便無生為方便無所得為
方便迴向一切智智脩習五眼六神通慶喜
一切陁羅尼門一切陁羅尼門性空何以故
以一切陁羅尼門性空與五眼六神通無二
無二分故世尊云何以一切三摩地門無二
為方便無生為方便無所得為方便迴向一
切智智脩習五眼六神通慶喜一切三摩地
門一切三摩地門性空何以故以一切三摩
地門性空與五眼六神通無二無二分故慶
喜由此故說以一切陁羅尼門等無二為方
便無生為方便無所得為方便迴向一切智

便無生為方便無所得為方便迴向一切智
智脩習五眼六神通世尊云何以一切陁羅
尼門無二為方便無生為方便無所得為方
便迴向一切智智脩習佛十力四無所畏四
無礙解大慈大悲大喜大捨十八佛不共法
慶喜一切陁羅尼門一切陁羅尼門性空何
以故以一切陁羅尼門性空與佛十力四無
所畏四無礙解大慈大悲大喜大捨十八佛
不共法無二無二分故世尊云何以一切三
摩地門無二為方便無生為方便無所得為
方便迴向一切智智脩習佛十力四無所畏
四無礙解大慈大悲大喜大捨十八佛不共
法慶喜一切三摩地門一切三摩地門性空
何以故以一切三摩地門性空與佛十力四

佛不共法無二無二分故慶喜由此故說以
一切陁羅尼門等無二為方便無生為方便
無所得為方便迴向一切智智脩習佛十力
四無所畏四無礙解大慈大悲大喜大捨十
八佛不共法世尊云何以一切陁羅尼門無
二為方便無生為方便無所得為方便迴向
一切智智脩習無忘失法恒住捨性慶喜一
切陁羅尼門一切陁羅尼門性空何以故以
一切陁羅尼門性空與無忘失法恒住捨性
無二無二分故世尊云何以一切三摩地門
無二為方便無生為方便無所得為方便迴
向一切智智脩習無忘失法恒住捨性慶喜
一切三摩地門一切三摩地門性空何以故

BD00251　大般若波羅蜜多經卷一二四

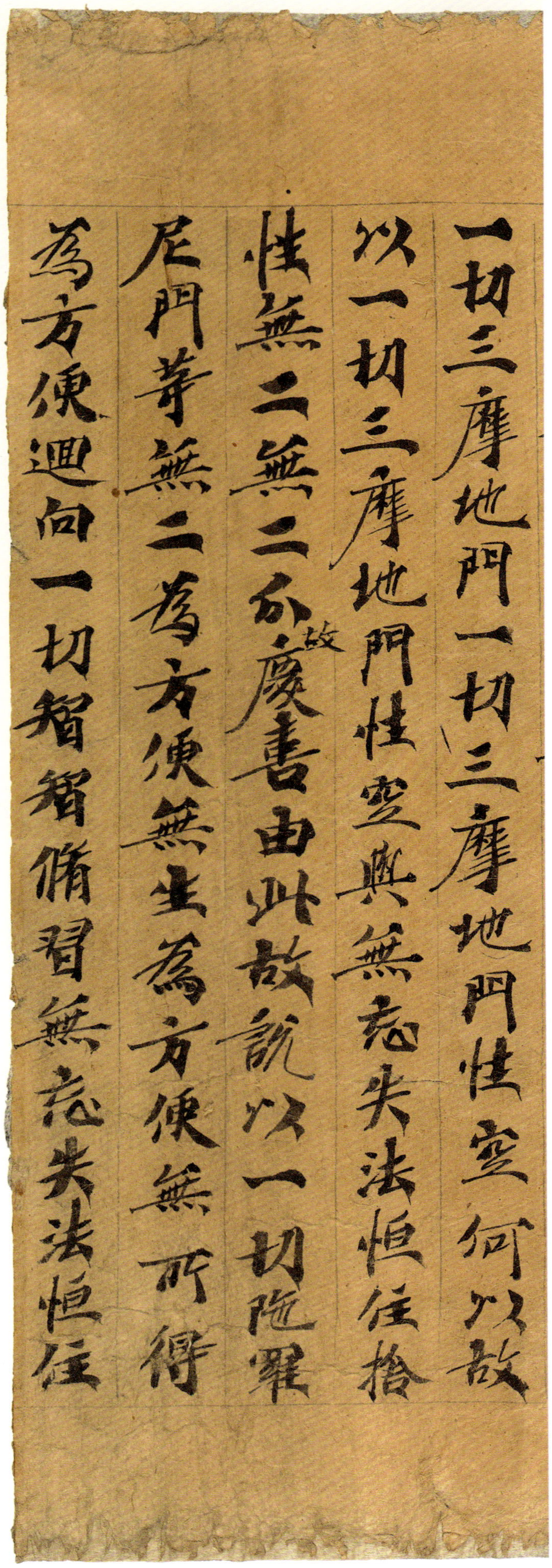

一切三摩地門一切三摩地門性空何以故
以一切三摩地門性空與無忘失法恒住捨
性無二無二分廢（故）善由此故說以一切陀羅
尼門等無二為方便無生為方便無所得
為方便迴向一切智智修習無忘失法恒住

BD00251v　勘記

BD00252A 妙法蓮華經卷七

（後秦）鳩摩羅什 譯

BD00252Av 雜寫

147.5cm × 28cm

舍輸地三十五 曼哆邏三十六 曼哆邏叉夜多三十七 郵樓哆三十八
郵樓哆憍舍略三十九 惡叉邏四十 惡叉冶多冶四十一 阿婆盧四十二
阿摩若荏蔗反那多夜四十三
世尊是陀羅尼神呪六十二億恒河沙等諸佛
所說若有侵毀此法師者則為侵毀是諸佛
已爾時釋迦牟尼佛讚藥王菩薩言善哉善
哉藥王汝愍念擁護此法師故說是陀羅尼
於諸衆生多所饒益爾時勇施菩薩白佛言
世尊我亦為擁護讀誦受持法華經者說陀
羅尼若此法師得是陀羅尼若夜叉若羅刹
若富單那若吉蔗若鳩槃荼若餓鬼等伺
求其短无能得便即於佛前而說呪曰
痤誓蝶反隸一 摩訶痤隸二 郁枳三 目枳四 阿隸五
阿羅婆第六 涅隸第七 涅隸多婆第八

[illegible]
世尊是陀羅尼神呪恒河沙等諸佛所說亦
皆隨喜若有侵毀此法師者則為侵毀是諸
佛已尒時毗沙門天王護世者白佛言世尊我
亦為愍念衆生擁護此法師故說是陀羅尼
即說呪曰
阿梨一 那梨二 㝹那梨三 阿那盧四 那履五 拘那履六
世尊以是神呪擁護法師我亦自當擁護持
是經者令百由旬内无諸衰患尒時持國天
王在此會中與千万億那由他乾闥婆衆恭
敬圍繞前詣佛所合掌白佛言世尊我亦以
陀羅尼神呪擁護持法華經者即說呪曰
阿伽祢一 伽祢二 瞿利三 乾陀利四 旃陀利五 摩
蹬耆六 常求利七 浮樓莎柅八 頞底九

阿伽祢 伽祢 瞿祢 乾陁祢 旃陁祢 摩
蹬耆六 常求利七 浮樓莎柅八 頞底九
世尊是陁羅尼神呪四十二億諸佛所說若
有侵毀此法師者則為侵毀是諸佛已尒時
有羅剎女等一名藍婆二名毗藍婆三名曲
齒四名華齒五名黑齒六名多髮七名无猒
足八名持瓔珞九名睪帝十名奪一切衆生
精氣是十羅剎女與鬼子母并其子及眷屬
俱詣佛所同聲白佛言世尊我等亦欲擁護
讀誦受持法華經者除其衰患若有伺求法
師短者令不得便即於佛前而說呪曰
伊提履一 伊提泯二 伊提履三 阿提履四 伊提履五
泥履六 泥履七 泥履八 泥履九 泥履十 樓醯十一
樓醯十二 樓醯十三 樓醯十四 多醯十五 多醯十六

寧上我頭上莫惱於法師若夜叉若羅剎若
餓鬼若富單那若吉蔗若毗陁羅若揵馱若
烏摩勒伽若阿跋摩羅若夜叉吉蔗若人吉
蔗若熱病若一日若二日若三日若四日若至
七日若常熱病若男形若女形若童男形
若童女形乃至夢中亦復莫惱即於佛前而
說偈言
若不順我呪　惱亂說法者　頭破作七分　如阿梨樹枝
如煞父母罪　亦如壓油殃　斗秤欺誑人　調達破僧罪
犯此法師者　當獲如是殃
諸羅剎女說此偈已白佛言世尊我等亦當身
自擁護受持讀誦脩行是經者令得安隱離
諸衰患消衆毒藥佛告諸羅剎女善哉善
哉汝等但能擁護受持法華名者福不可量

諸衰患消衆毒藥佛告諸羅刹女善哉善
哉汝等但能擁護受持法華名者福不可量
何况擁護具足受持供養經卷華香瓔珞
末香塗香燒香幡蓋伎樂然種種燈蘇燈油
燈諸香油燈蘇摩那華油燈瞻蔔華油燈婆
師迦華油燈優鉢羅華油燈如是等百千種供
養者睪帝汝等及眷屬應當擁護如是法師
說是陁羅尼品時六万八千人得无生法忍
妙法蓮華經妙庄嚴王本事品第二十七
尒時佛告諸大衆乃往古世過无量无邊不
可思議阿僧祇劫有佛名雲雷音宿王華智
多陁阿伽度阿羅呵三藐三佛陁國名光明
庄嚴劫名喜見彼佛法中有王名妙庄嚴其

所行之道所謂檀波羅蜜尸波羅蜜羼提波
羅蜜毗梨耶波羅蜜禪波羅蜜般若波羅蜜
方便波羅蜜慈悲喜捨乃至三十七助道法
皆悉明了通達又得菩薩淨三昧日星宿三
昧淨光三昧淨色三昧淨照明三昧長庄嚴
三昧大威德藏三昧於此三昧亦悉通達尒
時彼佛欲引道妙庄嚴王及愍念衆生故說
是法華經時淨藏淨眼二子到其母所合十
指爪掌白言願母往詣雲雷音宿王華智
佛所我等亦當侍從親近供養礼拜所以者何
此佛於一切天人衆中說法華經宜應聽受
母告子言汝父信受外道深着婆羅門法汝
等應往白父與共俱去淨藏淨眼合十爪指
掌白母我等是法王子而生此邪

掌白母我等是法王子而生此邪見家母告
子言汝等當憂念汝父為現神變若得見者
心必清淨或聽我等往至佛所於是二子念其
父故踊在虛空高七多羅樹現種種神變於
虛空中住行坐臥身上出水身下出火身下
出水身上出火或現大身滿虛空中而復現

BD00252Av　雜寫

BD00252B　大方廣佛華嚴經卷六〇

（東晉）佛馱跋陀羅　譯

62cm × 26.2cm

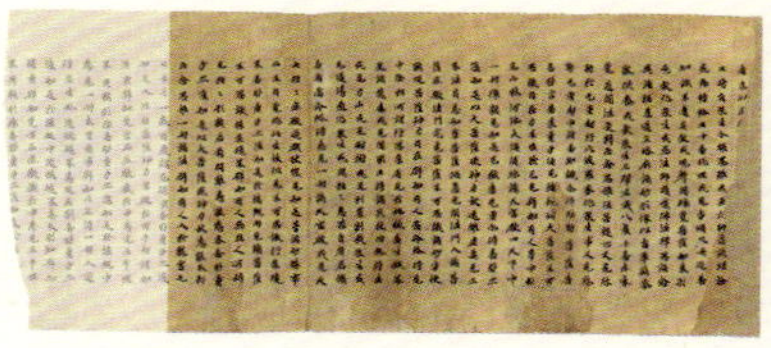

者示以正法
王荷負衆生令離恩難或爲言師造諸經論
或爲轉輪王十善化世或見孝順父母近善
知識不違其教或現聲聞緣覺菩薩如來於
色教化衆生或爲法師讚嘆佛法禪思誦念
興諸福業造立塔廟諸妙形像以香華鬘恭
敬供養或教衆生三歸五戒八齋十善出家
覺道聞法受持正念思惟住菩提心又見彌
勒於无量劫行六波羅蜜化衆生事又見彌
勒无量劫中諸善知識尒時彌勒菩薩告
善財言善來童子汝見樓觀諸大菩薩不可
思議自在力不唯然已見譬如有人夢中都
見山林河池大海須彌諸天宮殿四天下中
一切像類見如是已歡喜无量尒時善財亦

薩莊嚴法門究竟菩薩不可思議諸妙方便
顯現菩薩神力自在譬如有人當命終時見
中陰相所謂行惡業者見於地獄畜生餓鬼
受諸楚毒或見閻羅王持諸兵杖囚執將去
或見刀山或見劍樹或見利葉割截眾生或
見鑊湯煮治眾生或聞種種悲苦音聲若脩
善者當命終時悉見一切諸天宮殿或見天
女種種莊嚴遊戲快樂見如是等諸妙勝事
而不自覺死此生彼但見不可思議行業境
界善財童子亦復如是於樓觀內見諸菩薩
不可思議勝業境界譬如有人為非人所持
見種種形類若有問難悉能應答善財童
子亦復如是以大菩薩威神力故悉能分別
正念思惟一切諸法譬如有人入於龍宮七

正念思惟一切諸法譬如有人入於龍宮七
日半月一歲百歲謂爲須臾善財童子亦復
如是入弥勒菩薩神力宮殿於百千劫謂如
須臾譬如梵宮名莊嚴藏於中悉見三千世
界異類形像善財童子亦復如是於樓觀中
悉見一切未曾有事譬如比丘得一切入定
行立坐臥隨彼境界悉現在前善財童子亦
復如是於樓觀中隨彼境界悉分別知譬如
須臾譬如梵宮名莊嚴藏於中悉見三千世
界異類形像善財童子亦復如是於

BD00253 大般若波羅蜜多經卷二三九

（唐）玄奘 譯

661.6cm × 25.7cm

……故善……
……界清淨故一切智……故……
……智清淨若眼界清淨若一切智智清淨
無二無二分無別無斷故一切智清淨故色
界眼識界及眼觸眼觸為緣所生諸受清淨
色界乃至眼觸為緣所生諸受清淨故一切
……得可……若一切智智淨若色界乃
所生諸受清淨若一切智智清
……二分無別無斷故善現一切智
……界清淨耳界清淨故一切智智
……若一切智智清淨若耳界清淨若一切
智智清淨無二無二分無別無斷故一切智
清淨故聲界耳識界及耳觸耳觸為緣所生
諸受清淨聲界乃至耳觸為緣所生諸受清
[illegible]

無二無二分無別無斷故善
智清淨故鼻界清淨鼻界清淨故
智清淨何以故若一切智清淨若鼻界
清若一切智智清淨無二無二分無別無斷
故一切智智清淨故香界鼻識界及鼻觸鼻觸
為緣所生諸受清淨香界乃至鼻觸為緣所
生諸受清淨故一切智智清淨何以故若一
切智清淨若香界乃至鼻觸為緣所生諸受
智智清淨無二無二分無別無
斷故善現一切智清淨故舌界清淨舌界
淨故一切智智清淨何以故若一切智清
若舌界清淨若一切智智清淨無二無二分
無別無斷故一切智清淨故味界舌識界及
舌觸舌觸為緣所生諸受清淨味界乃至舌
觸為緣所生諸受清淨故一切智智清淨何

BD00253　大般若波羅蜜多經卷二三九

觸為緣所生諸受清淨故一切智智清淨何
以故若一切智清淨若味界乃至舌觸為緣
所生□□清淨若一切智智清淨無二無二
分無別無斷故善現一切智清淨故身界
淨身界清淨故一切智智清淨何以故若一
切智清淨若身界清淨若一切智智清淨無
二無二分無別無斷故一切智清淨故觸界
身識界及身觸身觸為緣所生諸受清淨觸
界乃至身觸為緣所生諸受清淨故一切智
智清淨何以故若一切智清淨若觸界乃至
身觸為緣所生諸受清淨若一切智智清淨
無二無二分無別無斷故善現一切智清淨
故意界清淨意界清淨故一切智智清淨何
以故若一切智清淨若意界清淨若一切智

受清淨法界乃至意觸為緣所生諸受清淨
故一切智智清淨何以故若一切智清淨若
法界乃至意觸為緣所生諸受清淨若一切
智智清淨無二無二分無別無斷故善現一
切智清淨故地界清淨地界清淨故一切智
智清淨何以故若一切智清淨若地界清淨
若一切智智清淨無二無二分無別無斷故
一切智清淨故水火風空識界清淨水火風
空識界清淨故一切智智清淨何以故若一
切智清淨若水火風空識界清淨若一切智
智清淨無二無二分無別無斷故善現一切智清
淨故無明清淨無明清淨故一切智智清
淨何以故若一切智清淨若無明清淨若一
切智智清淨無二無二分無別無斷故一
切智清淨故行識名色六處觸受愛取有生

BD00253　大般若波羅蜜多經卷二三九

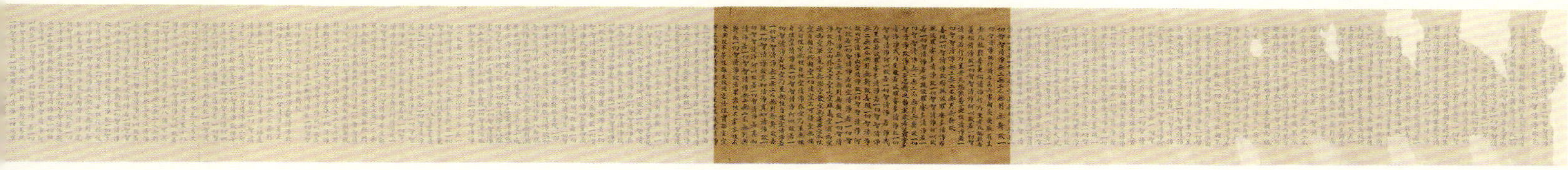

切智智清淨無二無二分無別無斷故一
切智清淨故行識名色六處觸受愛取有生
老死愁歎苦憂惱清淨行乃至老死愁歎苦
憂惱清淨故一切智智清淨何以故若一切智
清淨若行乃至老死愁歎苦憂惱清淨若一
切智智清淨無二無二分無別無斷故
善現一切智清淨故布施波羅蜜多清淨布
施波羅蜜多清淨故一切智智清淨何以故
若一切智清淨若布施波羅蜜多清淨若一
切智智清淨無二無二分無別無斷故一切
智清淨故淨戒安忍精進靜慮般若波羅蜜多
清淨淨戒乃至般若波羅蜜多清淨故一切
智智清淨何以故若一切智清淨若淨戒
乃至般若波羅蜜多清淨若一切智智清淨

以故若一切智智清淨若內空清淨若一切智
智清淨無二無二分無別無斷故一切智智清
淨故外空內外空空空大空勝義空有為空
無為空畢竟空無際空散空無變異空本性
空自相空共相空一切法空不可得空無性
空自性空無性自性空清淨外空乃至無性
自性空清淨故一切智智清淨何以故若一
切智智清淨若外空乃至無性自性空清淨若
一切智智清淨無二無二分無別無斷故善
現一切智智清淨故真如清淨真如清淨故一
切智智清淨何以故若一切智智清淨若真如
清淨若一切智智清淨無二無二分無別無
斷故一切智智清淨故法界法性不虛妄性不
變異性平等性離生性法定法住實際虛空
界不思議界清淨法界乃至不思議界清淨

變異性平等性離生性法定法住實際虛空
界不思議界清淨法界乃至不思議界清淨
故一切智智清淨何以故若一切智清淨若
法界乃至不思議界清淨若一切智智清淨
無二無二分無別無斷故善現一切智清淨
故苦聖諦清淨苦聖諦清淨故一切智智清
淨何以故若一切智智清淨若苦聖諦清淨若
一切智智清淨無二無二分無別無斷故一
切智清淨故集滅道聖諦清淨集滅道聖諦
清淨故一切智智清淨何以故若一切智清
淨若集滅道聖諦清淨若一切智智清淨無
二無二分無別無斷故善現一切智清淨故
四靜慮清淨四靜慮清淨故一切智智清淨何
以故若一切智智清淨若四靜慮清淨若一切
智智清淨無二無二分無別無斷故一切智

智清淨若四無量四無色定清淨若一切智
智清淨無二無二分無別無斷故善現一切
智清淨故八解脫清淨八解脫清淨故一切
智智清淨何以故若一切智智清淨若八解脫
清淨若一切智智清淨無二無二分無別無
斷故一切智智清淨故八勝處九次第定十遍
處清淨八勝處九次第定十遍處清淨故一
切智智清淨何以故若一切智智清淨若八勝
處九次第定十遍處清淨若一切智智清淨
無二無二分無別無斷故善現一切智清淨故
四念住清淨四念住清淨故一切智智清淨
何以故若一切智智清淨若四念住清淨若一
切智智清淨無二無二分無別無斷故一切
智清淨故四正斷四神足五根五力七等覺

切智智清淨無二無二分無別無斷故一切
智清淨故四正斷四神足五根五力七等覺
支八聖道支清淨四正斷乃至八聖道支清
淨故一切智智清淨何以故若一切智清淨
若四正斷乃至八聖道支清淨若一切智智
清淨無二無二分無別無斷故善現一切智、
清淨故空解脫門清淨空解脫門清淨故一
切智智清淨何以故若一切智清淨若空解
脫門清淨若一切智智清淨無二無二分無
別無斷故一切智智清淨故無相無願解脫門
清淨無相無願解脫門清淨故一切智智清
淨何以故若一切智智清淨若無相無願解脫
門清淨若一切智智清淨無二無二分無別
無斷故善現一切智智淨故菩薩十地清淨
菩薩十地清淨故一切智智清淨何以故若
一切智清淨若菩薩十地清淨若一切智

善現一切智清淨故五眼清淨五眼清淨故
一切智智清淨何以故若一切智清淨若五
眼清淨若一切智智清淨無二無二分無別
無斷故一切智智清淨故六神通清淨六神通
清淨故一切智智清淨何以故若一切智清
淨若六神通清淨若一切智智清淨無二無
二分無別無斷故善現一切智清淨故佛十
力清淨佛十力清淨故一切智智清淨何以
故若一切智智清淨若佛十力清淨若一切智
智清淨無二無二分無別無斷故一切智清
淨故四無所畏四無礙解大慈大悲大喜大
捨十八佛不共法清淨四無所畏乃至十八
佛不共法清淨故一切智智清淨何以故若
一切智清淨若四無所畏乃至十八佛不共
法清淨若一切智智清淨無二無二分無別

法清淨若一切智智清淨無二無二分無別
無斷故善現一切智智清淨故無忘失法清淨
無忘失法清淨故一切智智清淨何以故若
一切智智清淨若無忘失法清淨若一切智智
清淨無二無二分無別無斷故一切智智清淨
故恒住捨性清淨恒住捨性清淨故一切智
智清淨何以故若一切智智清淨若恒住捨性
清淨若一切智智清淨無二無二分無別無
斷故善現一切智智清淨故道相智清淨道
相智清淨故一切智智清淨何以故若一切
智清淨若道相智清淨若一切智智清淨無
二無二分無別無斷故一切智智清淨故一切相
智清淨一切相智清淨故一切智智清淨何
以故若一切智清淨若一切相智清淨若一切

尼門清淨故一切智智清淨何以故若一
切智清淨若一切陁羅尼門清淨若一切智
智清淨無二無二分無別無斷故一切智清
淨故一切三摩地門清淨一切三摩地門清
淨故一切智智清淨何以故若一切智清淨
若一切三摩地門清淨若一切智智清淨無
二無二分無別無斷故
善現一切智清淨故預流果清淨預流果清
淨故一切智智清淨何以故若一切智清淨
若預流果清淨若一切智智清淨無二無二
分無別無斷故一切智清淨故一來不還阿
羅漢果清淨一來不還阿羅漢果清淨故一
切智智清淨何以故若一切智清淨若一來
不還阿羅漢果清淨若一切智智清淨無二
無二分無別無斷故善現一切智清淨故獨

不還阿羅漢果清淨若一切智智清淨無二
無二分無別無斷故善現一切智智清淨故獨
覺菩提清淨獨覺菩提清淨故一切智智清
淨何以故若一切智智清淨若獨覺菩提清淨
若一切智智清淨無二無二分無別無斷故
善現一切智智清淨故一切菩薩摩訶薩行清
淨一切菩薩摩訶薩行清淨故一切智智清
淨何以故若一切智智清淨若一切菩薩摩訶
薩行清淨若一切智智清淨無二無二分無別
無斷故善現一切智智清淨故諸佛無上正等
菩提清淨諸佛無上正等菩提清淨故一切
智智清淨何以故若一切智智清淨若諸佛無
上正等菩提清淨若一切智智清淨無二無
二分無別無斷故

清淨若一切智智清淨無二無二分無別無
斷故道相智清淨故受想行識清淨受想
行識清淨故一切智智清淨何以故若道相智
清淨若受想行識清淨若一切智智清淨無
二無二分無別無斷故善現道相智清淨故
眼處清淨眼處清淨故一切智智清淨何以
故若道相智清淨若眼處淨若一切智智
清淨無二無二分無別無斷故道相智清淨
故耳鼻舌身意處清淨耳鼻舌意處清淨
故一切智智清淨何以故若道相智清淨若
耳鼻舌身意處清淨若一切智智清淨無二
無二分無別無斷故善現道相智清淨故色
處清淨色處清淨故一切智智清淨何以故
若道相智清淨若色處清淨若一切智智清
淨無二無二分無別無斷故道相智清淨故

若道相智清淨若色處清淨若一切智智清
淨無二無二分無別無斷故道相智清淨故
聲香味觸法處清淨聲香味觸法處清淨故
一切智智清淨何以故若道相智清淨若聲香
味觸法處清淨若一切智智清淨無二無二
分無別無斷故善現道相智清淨故眼界清
淨眼界清淨故一切智智清淨何以故若道
相智清淨若眼界清淨若一切智智清淨無
二無二分無別無斷故道相智清淨故色界
眼識界及眼觸眼觸為緣所生諸受清淨色
界乃至眼觸為緣所生諸受清淨故一切智
智清淨何以故若道相智清淨若色界乃至
眼觸為緣所生諸受清淨若一切智智清淨
無二無二分無別無斷故善現道相智清淨
故耳界清淨耳界清淨故一切智智清淨何

淨故聲界耳識界及耳觸耳觸為緣所生諸受
清淨聲界乃至耳觸為緣所生諸受清淨故
一切智智清淨何以故若道相智清淨若聲
界乃至耳觸為緣所生諸受清淨若一切智
智清淨無二無二分無別無斷故善現道相
智清淨故鼻界清淨鼻界清淨故一切智
智清淨何以故若道相智清淨若鼻界清
淨若一切智智清淨無二無二分無別無斷
故道相智清淨故香界鼻識界及鼻觸鼻觸
為緣所生諸受清淨香界乃至鼻觸為緣所
生諸受清淨故一切智智清淨何以故若道
相智清淨若香界乃至鼻觸為緣所生諸受
清淨若一切智智清淨無二無二分無別無
斷故善現道相智清淨故舌界清淨舌界清
淨故一切智智清淨何以故若道相智清淨

淨故一切智智清淨何以故若道相智清淨
若舌界清淨若一切智智清淨無二無二分
無別無斷故道相智清淨故味界舌識界及
舌觸舌觸為緣所生諸受清淨味界乃至舌
觸為緣所生諸受清淨故一切智智清淨何
以故若道相智清淨若味界乃至舌觸為緣
所生諸受清淨若一切智智清淨無二無二
分無別無斷故善現道相智清淨故身界清
淨身界清淨故一切智智清淨何以故若道
相智清淨若身界清淨若一切智智清淨無
二無二分無別無斷故道相智清淨故觸界
身識界及身觸身觸為緣所生諸受清淨觸
界乃至身觸為緣所生諸受清淨故一切智
智清淨何以故若道相智清淨若觸界乃至

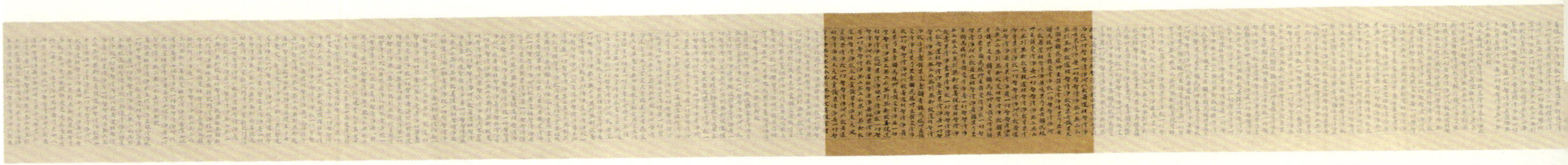

故意界清淨意界清淨故一切智智清淨何
以故若道相智清淨若意界清淨若一切智
智清淨無二無二分無別無斷故道相智清
淨故法界意識界及意觸意觸為緣所生諸
受清淨法界乃至意觸為緣所生諸受清淨
故一切智智清淨何以故若道相智清淨若
法界乃至意觸為緣所生諸受清淨若一切
智智清淨無二無二分無別無斷故善現道
相智清淨故地界清淨地界清淨故一切智
智清淨何以故若道相智清淨若地界清淨
若一切智智清淨無二無二分無別無斷故
道相智清淨故水風空識界清淨水火風
空識界清淨故一切智智清淨何以故若道
相智清淨若水火風空識界清淨若一切智
智清淨無二無二分無別無斷故善現道相

智清淨無二無二分無別無斷故善現道相
智清淨故無明清淨無明清淨故一切智智
清淨何以故若道相智清淨若無明清淨若
一切智智清淨無二無二分無別無斷故道
相智清淨故行識名色六處觸受愛取有生
老死愁歎苦憂惱清淨行乃至老死愁歎苦
憂惱清淨故一切智智清淨何以故若道相
智清淨若行乃至老死愁歎苦憂惱清淨若
一切智智清淨無二無二分無別斷故
善現道相智清淨故布施波羅蜜多清淨布
施波羅蜜多清淨故一切智智清淨何以故
若道相智清淨若布施波羅蜜多清淨若一
切智智清淨無二無二分無別無斷故道相
智清淨故淨戒安忍精進靜慮般若波羅蜜

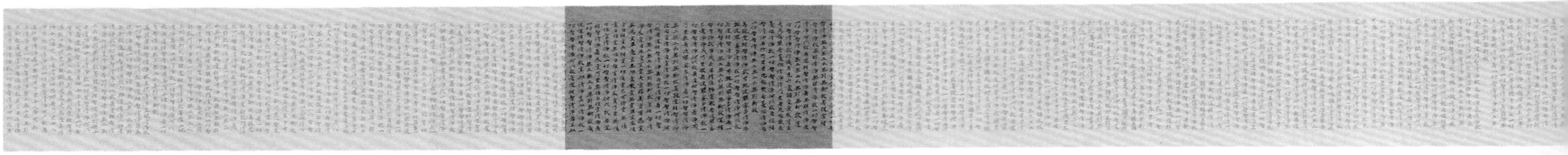

乃至般若波羅蜜多清淨若一切智智清淨
無二無二分無別無斷故善現道相智清淨
故內空清淨內空清淨故一切智智清淨何
以故若道相智清淨若內空清淨若一切智
智清淨無二無二分無別無斷故道相智清
淨外空內外空空空大空勝義空有為空
無為空畢竟空無際空散空無變異空本性
空自相空共相空一切法空不可得空無性
空自性空無性自性空清淨外空乃至無性
自性空清淨故一切智智清淨何以故若道
相智清淨若外空乃至無性自性空清淨若
一切智智清淨無二無二分無別無斷故善
現道相智清淨故真如清淨真如清淨故一
切智智清淨何以故若道相智清淨若真如

BD00253　大般若波羅蜜多經卷二三九

現道相智清淨故真如清淨真如清淨故一
切智智清淨何以故若道相智清淨若真如
清淨若一切智智清淨無二無二分無別無
斷故道相智清淨故法界法性不虛妄性不
變異性平等性離生性法定法住實際虛空
界不思議界清淨法界乃至不思議界清淨
故一切智智清淨何以故若道相智清淨若
法界乃至不思議界清淨若一切智智清淨
無二無二分無別無斷故善現道相智清淨
故苦聖諦清淨苦聖諦清淨故一切智智清
淨何以故若道相智清淨若苦聖諦清淨若
一切智智清淨無二無二分無別無斷故道
相智清淨故集滅道聖諦清淨集滅道聖諦
清淨故一切智智清淨何以故若道相智清
淨若集滅道聖諦清淨若一切智智清淨無

何以故若道相智智清淨若四靜慮清淨若一
切智智清淨無二無二分無別無斷故道相
智清淨故四無量四無色定清淨四無量
無色定清淨故一切智智清淨何以故若道
相智清淨若四無量四無色定清淨若一切
智智清淨無二無二分無別無斷故善現道
相智清淨故八解脫清淨八解脫清淨故一
切智智清淨何以故若道相智清淨若八解
脫清淨若一切智智清淨無二無二分無別無
斷故道相智清淨故八勝處九次第定十
遍處清淨八勝處九次第定十遍處清淨故
一切智智清淨何以故若道相智清淨若八
勝處九次第定十遍處清淨若一切智智清
淨無二無二分無別無斷故善現道相智清

BD00253　大般若波羅蜜多經卷二三九

淨無二無二分無別無斷故善現道相智清
淨故四念住清淨四念住清淨故一切智智
清淨何以故若道相智清淨若四念住清淨
若一切智智清淨無二無二分無別無斷故
道相智清淨故四正斷四神足五根五力七
等覺支八聖道支清淨四正斷乃至八聖道
支清淨故一切智智清淨何以故若道相智
清淨若四正斷乃至八聖道支清淨若一切
智智清淨無二無二分無別無斷故善現道
相智清淨故空解脫門清淨空解脫門清淨
故一切智智清淨何以故若道相智清淨若
空解脫門清淨若一切智智清淨無二無二
分無別無斷故道相智清淨故無相無願解
脫門清淨無相無願解脫門清淨故一切智

無別無斷故善現道相智清淨故菩薩十地
清淨菩薩十地清淨故一切智智清淨何以
故若道相智清淨若菩薩十地清淨若一切
智智清淨無二無二分無別無斷故
善現道相智清淨故五眼清淨五眼清淨故
一切智智清淨何以故若道相智清淨若五
眼清淨若一切智智清淨無二無二分無別
無斷故道相智清淨故六神通清淨六神通
清淨故一切智智清淨何以故若道相智清
淨若六神通清淨若一切智智清淨無二無
二分無別無斷故善現道相智清淨故佛十
力清淨佛十力清淨故一切智智清淨何以
故若道相智清淨若佛十力清淨若一切智
智清淨無二無二分無別無斷故道相智清
淨故四無所畏四無礙解大慈大悲大喜大

智清淨無二無二分無別無斷故道相智清
淨故四無所畏四無礙解大慈大悲大喜大
捨十八佛不共法清淨四無所畏乃至十八
佛不共法清淨故一切智智清淨何以故若
道相智清淨若四無所畏乃至十八佛不共
法清淨若一切智智清淨無二無二分無別
無斷故善現道相智清淨故無忘失法清淨
無忘失法清淨故一切智智清淨何以故若
道相智清淨若無忘失法清淨若一切智智
清淨無二無二分無別無斷故道相智清淨
故恒住捨性清淨恒住捨性清淨故一切智
智清淨何以故若道相智清淨若恒住捨性
清淨若一切智智清淨無二無二分無別無
斷故善現道相智清淨故一切智清淨一切

二無二分無別無斷故道相智清淨故一切相
智清淨一切相智清淨故一切智智清淨何
以故若道相智清淨若一切相智清淨若一
切智智清淨無二無二分無別無斷故善現
道相智清淨故一切陁羅尼門清淨一切陁
羅尼門清淨故一切智智清淨何以故若道
相智清淨若一切陁羅尼門清淨若一切智
智清淨無二無二分無別無斷故道相智清
淨故一切三摩地門清淨一切三摩地門清
淨故一切智智清淨何以故若道相智清淨
若一切三摩地門清淨若一切智智清淨無
二無二分無別無斷故
善現道相智清淨故預流果清淨預流果清
淨故一切智智清淨何以故若道相智清淨
若預流果青淨若一切智智青淨無二無二

若預流果清淨若一切智智清淨無二無二
分無別無斷故道相智清淨故一來不還阿
羅漢果清淨一來不還阿羅漢果清淨故一
切智智清淨何以故若道相智清淨若一來
不還阿羅漢果清淨若一切智智清淨無二
無二分無別無斷故善現道相智清淨故獨
覺菩提清淨獨覺菩提清淨故一切智智清
淨何以故若道相智清淨若獨覺菩提清淨
若一切智智清淨無二無二分無別無斷故
善現道相智清淨故一切菩薩摩訶薩行清
淨一切菩薩摩訶薩行清淨故一切智智清
淨何以故若道相智清淨若一切菩薩摩訶
薩行清淨若一切智智清淨無二無二分無
別無斷故善現道相智清淨故諸佛無上正

無上正等菩提清淨若一切智智清淨無二
無二分無別無斷故
復次善現一切相智清淨故色清淨色清淨
故一切智智清淨何以故若一切相智清淨
若色清淨若一切智智清淨無二無二分無
別無斷故一切相智清淨故受想行識清淨
受想行識清淨故一切智智清淨何以故若一
切相智清淨若受想行識清淨若一切智智
清淨無二無二分無別無斷故善現一切相
智清淨故眼處清淨眼處清淨故一切智智
清淨何以故若一切相智清淨若眼處清淨
若一切智智清淨無二無二分無別無斷故
一切相智清淨故耳鼻舌身意處清淨耳鼻
舌身意處清淨故一切智智清淨何以故若
一切相智清淨若耳鼻舌身意處清淨若一

一切相智清淨若耳鼻舌身意處清淨若一
切智智清淨無二無二分無別無斷故善現
一切相智清淨故色處清淨色處清淨故一
切智智清淨何以故若一切相智清淨若色
處清淨若一切智智清淨無二無二分無別
無斷故一切相智清淨故聲香味觸法處清
淨聲香味觸法處清淨故一切智智清淨何
以故若一切相智清淨若聲香味觸法處清
淨若一切智智清淨無二無二分無別無斷
故善現一切相智清淨故眼界清淨眼界清
淨故一切智智清淨何以故若一切相智清
淨若眼界清淨若一切智智清淨無二無二分

BD00254 妙法蓮華經卷三

（後秦）鳩摩羅什 譯

BD00254v 勘記

959.8cm × 26.3cm

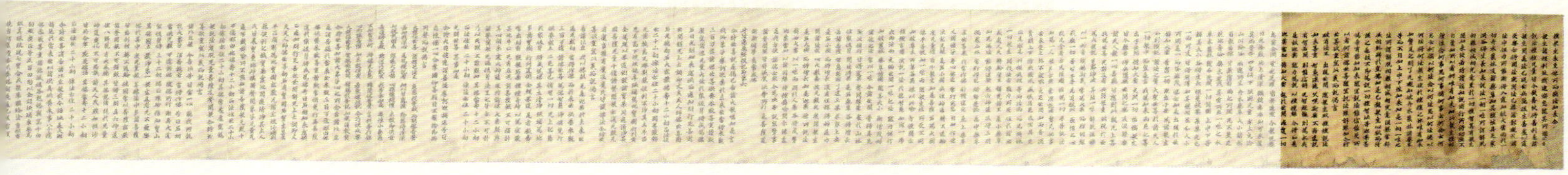

種眾生來至佛所而聽法如來尒
眾生諸根利鈍精進懈怠隨其所堪而為
說法種種无量皆令歡喜快得善利是諸
眾生聞是法已現世安隱後生善處以道
受樂亦得聞法既聞法已離諸鄣礙於諸
法中任力所能漸得入道如彼大雲雨於一
切卉木藂林及諸藥草如其種性具足蒙
潤各得生長如來說法一相一味所謂解脫
相離相滅相究竟至於一切種智其有眾生
聞如來法若持讀誦如說脩行所得功德不
自覺知所以者何唯有如來知此眾生種相
體性念何事思何事脩何事云何念云何

如實見之明了无㝵如彼卉木蘩林諸藥草
等而不自知上中下性如来知是一相一味之
法所謂解脫相離相滅相究竟涅槃常寂
滅相終歸於空佛知是已觀衆生心欲而將
護之是故不即為說一切種智汝等迦葉甚
為希有能知如来隨宜說法能信能受所
以者何諸佛世尊隨宜說法難解難知尒時
世尊欲重宣此義而說偈言
破有法王　出現世間　隨衆生欲　種種說法
如来尊重　智慧深遠　久嘿斯要　不務速說
有智若聞　則能信解　无智疑悔　則為永失
是故迦葉　隨力為說　以種種緣　令得正見
迦葉當知　譬如大雲　起於世間　遍覆一切

BD00254　妙法蓮華經卷三

是故迦葉 隨力爲說 以種種緣 令得正見
迦葉當知 譬如大雲 起於世間 遍覆一切
惠雲含潤 電光晃曜 雷聲遠震 令衆悅豫
日光掩蔽 地上清涼 靉靆垂布 如可承攬
其雨普等 四方俱下 流澍无量 率土充洽
山川險谷 幽邃所生 卉木藥草 大小諸樹
百穀苗稼 甘蔗蒲萄 雨之所潤 无不豐足
乾地普洽 藥木並茂 其雲所出 一味之水
草木叢林 隨分受潤 一切諸樹 上中下等
稱其大小 各得生長 根莖枝葉 華菓光色
一雨所及 皆得鮮澤 如其體相 性分大小
所潤是一 而各滋茂 佛亦如是 出現於世
譬如大雲 普覆一切 既出于世 爲諸衆生

出于世間　猶如大雲　充潤一切　枯槁衆生
皆令離苦　得安隱樂　世間之樂　及涅槃樂
諸天人衆　一心善聽　皆應到此　覲无上尊
我爲世尊　无能及者　安隱衆生　故現於世
爲大衆說　甘露淨法　其法一味　解脫涅槃
以一妙音　演暢斯義　常爲大乘　而作因緣
我觀一切　普皆平等　无有彼此　愛憎之心
我无貪著　亦无限礙　恒爲一切　平等說法
如爲一人　衆多亦然　常演說法　曾无他事
去來坐立　終不疲猒　充足世間　如雨普潤
貴賤上下　持戒毀戒　威儀具足　及不具足
正見邪見　利根鈍根　等雨法雨　而无懈惓
一切衆生　聞我法者　隨力所受　住於諸地

BD00254　妙法蓮華經卷三

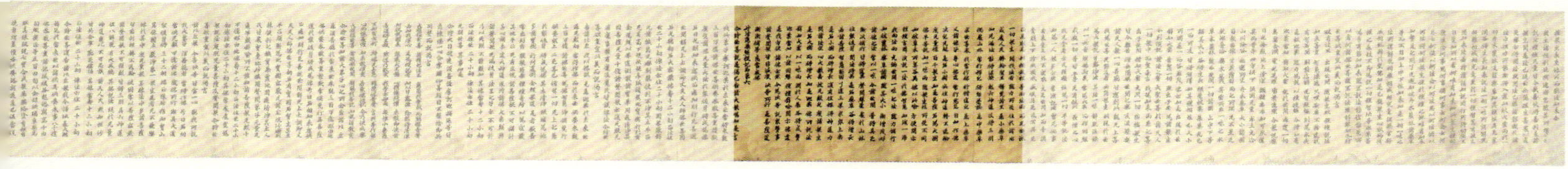

正見邪見 利根鈍根 等雨法雨 而无懈惓
一切衆生 聞我法者 隨力所受 住於諸地
或處人天 轉輪聖王 釋梵諸王 是小藥草
知无漏法 能得涅槃 起六神通 及得三明
獨處山林 常行禪定 得緣覺證 是中藥草
求世尊處 我當作佛 行精進定 是上藥草
又諸佛子 專心佛道 常行慈悲 自知作佛
决定无疑 是名小樹 安住神通 轉不退輪
度无量億 百千衆生 如是菩薩 名為大樹
佛平等說 如一味雨 隨衆生性 所受不同
如彼草木 所稟各異 佛以此喻 方便開示
種種言辭 演說一法 於佛智慧 如海一渧
我雨法雨 充滿世間 一味之法 隨力脩行
如彼叢林 藥草諸樹 隨其大小 漸

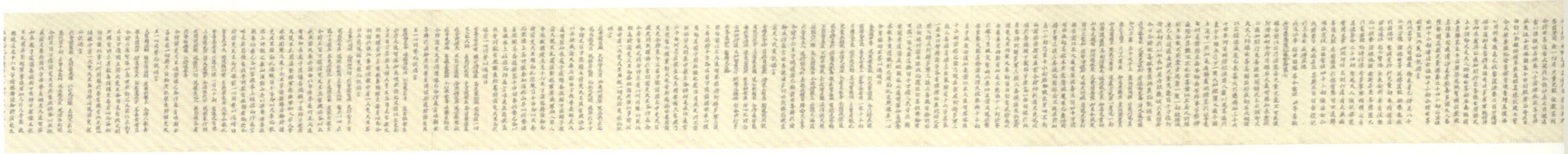

漸次脩行　皆得道果　聲聞緣覺　處於山林
住冣後身　聞法得果　是名藥草　各得增長
若諸菩薩　智慧堅固　了達三界　求冣上乘
是名小樹　而得增長　復有住禪　得神通力
聞諸法空　心大歡喜　放无數光　度諸衆生
是名大樹　而得增長　如是迦葉　佛所說法
譬如大雲　以一味雨　潤於人華　各得成實
迦葉當知　以諸因緣　種種譬喻　開示佛道
是我方便　諸佛亦然　今為汝等　說冣實事
諸聲聞衆　皆非滅度　汝等所行　是菩薩道
漸漸脩學　悉當成佛

妙法蓮華經授記品第六

尒時世尊說是偈已告諸大衆唱如是言

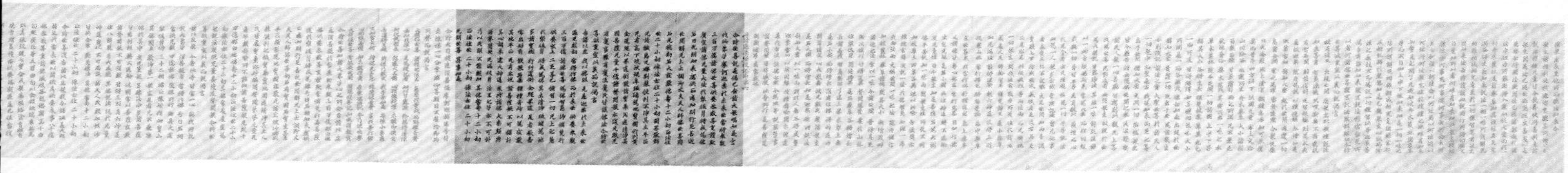

尒時世尊說是偈已告諸大衆唱如是言
我此弟子摩訶迦葉於未來世當得奉覲
三百万億諸佛世尊供養恭敬尊重讚歎
廣宣諸佛无量大法於最後身得成爲佛
名曰光明如來應供正遍知明行足善逝
世間解无上士調御丈夫天人師佛世尊國
名光德劫名大莊嚴佛壽十二小劫正法住
世二十小劫像法亦住二十小劫國界嚴飾
无諸穢惡瓦礫荆棘便利不淨其土平正
无有高下坑坎堆阜琉璃爲地寶樹行列黄
金爲繩以界道側散諸寶華周遍清淨其
國菩薩无量千億諸聲聞衆亦復无數无

告諸比丘　我以佛眼　見是迦葉　於未来世
過无數劫　當得作佛　而於来世　供養奉覲
三百万億　諸佛世尊　為佛智慧　淨脩梵行
供養最上　二足尊已　脩習一切　无上之慧
於最後身　得成為佛　其土清淨　琉璃為地
多諸寶樹　行列道側　金繩界道　見者歡喜
常出好香　散衆名華　種種奇妙　以為莊嚴
其地平正　无有丘坑　諸菩薩衆　不可稱計
其心調柔　逮大神通　奉持諸佛　大乘經典
諸聲聞衆　无漏後身　法王之子　亦不可計
乃以天眼　不能數知　其佛當壽　十二小劫
正法住世　二十小劫　像法亦住　二十小劫
光明世尊　其事如是

正法住世二十小劫　像法亦住二十小劫
光明世尊　其事如是
尒時大目揵連須菩提摩訶迦旃延等皆
悉悚慄一心合掌瞻仰尊顏目不暫捨即共
同聲而説偈言
大雄猛世尊　諸釋之法王　哀愍我等故　而賜佛音聲
若知我深心　見爲授記者　如以甘露灑　除熱得清涼
如從飢國來　忽遇大王饍　心猶懷疑懼　未敢即便食
若復得王教　然後乃敢食　我等亦如是　每惟小乘過
不知當云何　得佛无上慧　雖聞佛音聲　言我等作佛
心尚懷憂懼　如未敢便食　若蒙佛授記　尒乃快安樂
大雄猛世尊　常欲安世間　願賜我等記　如飢須教食
尒時世尊知諸大弟子心之所念告諸比丘
是須菩提於當來世奉覲三百萬億那由他

道於最後身得成為佛号曰名相如来應供
正遍知明行足善逝世間解无上士調御丈
夫天人師佛世尊劫名有寶國名寶生其土
平正頗梨為地寶樹莊嚴无諸丘坑沙礫荊
棘便利之穢寶華覆地周遍清淨其土人
民皆處寶臺珍妙樓閣聲聞弟子无量无
邊筭數譬喻所不能知諸菩薩衆无數千
万億那由他佛壽十二小劫正法住世二十小
劫像法亦住二十小劫其佛常處虛空為
衆說法度脫无量菩薩及聲聞衆尒時世
尊欲重宣此義而說偈言
諸比丘衆　今告汝等　皆當一心　聽我所說
我大弟子　須菩提者　當得作佛　号曰名相

諸比丘衆 今告汝等 皆當一心 聽我所說
我大弟子 須菩提者 當得作佛 号曰名相
當供无數 万億諸佛 隨佛所行 漸具大道
最後身得 三十二相 端正殊妙 猶如寶山
其佛國土 嚴淨苐一 衆生見者 无不愛樂
佛於其中 度无量衆 其佛法中 多諸菩薩
皆悉利根 轉不退輪 彼國常以 菩薩莊嚴
諸聲聞衆 不可稱數 皆得三明 具六神通
住八解脫 有大威德 其佛說法 現於无量
神通變化 不可思議 諸天人民 數如恒沙
皆共合掌 聽受佛語 其佛當壽 十二小劫
正法住世 二十小劫 像法亦住 二十小劫
尔時世尊復告諸比丘衆我今語汝是大迦

旬縱廣正等五百由旬以金銀琉璃車𤦲馬
瑙真珠玫瑰七寶合成衆華瓔珞塗香抹香
燒香繒蓋幢幡供養塔廟過是已後當復
供養二万億佛亦復如是供養是諸佛已具
菩薩道當得作佛号曰閻浮那提金光如來
應供正遍知明行足善逝世間解无上士調
御丈夫天人師佛世尊其土平正頗梨為地
寶樹莊嚴黃金為繩以界道側妙華覆地
周遍清淨見者歡喜无四惡道地獄餓鬼畜
生阿脩羅道多有天人諸聲聞衆及諸菩
薩无量万億莊嚴其國佛壽十二小劫正法
住世二十小劫像法亦住二十小劫尒時世尊
欲重宣此義而說偈言

佛世二十小劫像法亦住二十小劫尒時世尊
欲重宣此義而説偈言
諸比丘衆　皆一心聽　如我所説　真實无異
是迦旃延　當以種種　妙好供具　供養諸佛
諸佛滅後　起七寶塔　亦以華香　供養舍利
其最後身　得佛智慧　成等正覺　國土清淨
度脱无量　万億衆生　皆爲十方　之所供養
佛之光明　无能勝者　其佛号曰　閻浮金光
菩薩聲聞　斷一切有　无量无數　莊嚴其國
尒時世尊復告大衆我今語汝是大目揵連
當以種種供具供養八千諸佛恭敬尊重佛
滅度後各起塔廟高千由旬縱廣正等五百
由旬以金銀琉璃車渠馬瑙真珠玫瑰七寶
合成衆華瓔珞塗香末香燒

佛亦復如是當得成佛号曰多摩羅跋栴檀
香如来應供正遍知明行足善逝世間解无
上士調御丈夫天人師佛世尊劫名喜滿國
名意樂其土平正頗梨為地寶樹莊嚴散
真珠華周遍清淨見者歡喜多諸天人菩
薩聲聞其數无量佛壽二十四小劫正法住
世四十小劫像法亦住四十小劫尒時世尊
欲重宣此義而說偈言
我此弟子 大目揵連 捨是身已 得見八千
二百万億 諸佛世尊 為佛道故 供養恭敬
於諸佛所 常脩梵行 於无量劫 奉持佛法
諸佛滅後 起七寶塔 長表金刹 華香伎樂
而以供養 諸佛塔廟 漸漸具足 菩薩道已

諸佛滅後　起七寶塔　長表金刹　華香伎樂
而以供養　諸佛塔廟　漸漸具足　菩薩道已
於意樂國　而得作佛　号多摩羅　栴檀之香
其佛壽命　二十四劫　常為天人　演說佛道
聲聞无量　如恒河沙　三明六通　有大威德
菩薩无數　志固精進　於佛智慧　皆不退轉
佛滅度後　正法當住　四十小劫　像法亦尒
我諸弟子　威德具足　其數五百　皆當授記
於未來世　咸得成佛
我及汝等　宿世因緣　吾今當說　汝等善聽

妙法蓮華經化城喻品第七

佛告諸比丘　乃往過去　无量无邊不可思議
阿僧祇劫　尒時有佛　名大通智勝如來應供
正遍知明行足善逝世間解无上士調御丈

比丘彼佛滅度已來甚大久遠譬如三千大
千世界所有地種假使有人磨以為墨過於
東方千國土乃下一點大如微塵又過千國
土復下一點如是展轉盡地種墨於汝等意
云何是諸國土若筭師若筭師弟子能得
邊際知其數不不也世尊諸比丘是人所經
國土若點不點盡末為塵一塵一劫彼佛滅
度已來復過是數无量无邊百千万億阿
僧祇劫我以如來知見力故觀彼久遠猶若
今日尒時世尊欲重宣此義而說偈言
我念過去世　无量无邊劫　有佛兩足尊　名大通智勝
如人以力磨　三千大千土　盡此諸地種　皆悉以為墨

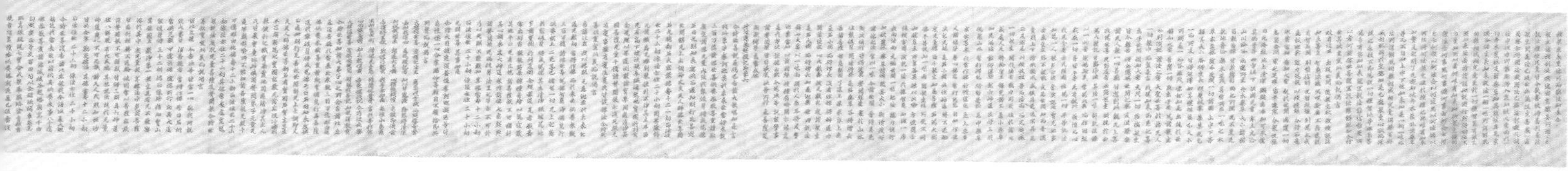

如人以力磨　三千大千土　盡此諸地種　皆悉以為墨
過於千國土　乃下一塵點　如是展轉點　盡此諸塵墨
如是諸國土　點與不點等　復盡末為塵　一塵為一劫
此諸微塵數　其劫復過是　彼佛滅度来　如是无量劫
如来无礙智　知彼佛滅度　及聲聞菩薩　如見今滅度
諸比丘當知　佛智淨微妙　无漏无所礙　通達无量劫
佛告諸比丘大通智勝佛壽五百四十万億
那由他劫其佛本坐道場破魔軍已垂得阿
耨多羅三藐三菩提而諸佛法不現在前如
是一小劫乃至十小劫結跏趺坐身心不動
而諸佛法猶不在前尒時忉利諸天先為彼
佛於菩提樹下敷師子座高一由旬佛於此
坐當得阿耨多羅三藐三菩提適坐此座時
諸

於佛乃至滅度常雨此華四王諸天為供養
佛常擊天鼓其餘諸天作天伎樂滿十小劫
至于滅度亦復如是諸比丘大通智勝佛過
十小劫諸佛之法乃現在前成阿耨多羅三
藐三菩提其佛未出家時有十六子其第
一者名曰智積諸子各有種種珍異玩好之具
聞父得成阿耨多羅三藐三菩提皆捨所珍
往詣佛所諸母涕泣而隨送之其祖轉輪聖
王與一百大臣及餘百千万億人民皆共圍
繞隨至道場咸欲親近大通智勝如來供養
恭敬尊重讚歎到已頭面礼足繞佛畢一心
合掌瞻仰世尊以偈頌曰

恭敬尊重讃歎至已頭面礼足繞佛畢一心
合掌瞻仰世尊以偈頌曰
大威德世尊　為度衆生故　於无量億歲　尒乃得成佛
諸願已具足　善哉吉无上　世尊甚希有　一坐十小劫
身體及手足　靜然安不動　其心常惔怕　未曾有散乱
究竟永寂滅　安住无漏法　今者見世尊　安隱成佛道
我等得善利　稱慶大歡喜　衆生常苦惱　盲瞑无導師
不識苦盡道　不知求解脫　長夜增惡趣　减損諸天衆
從瞑入於瞑　永不聞佛名　今佛得最上　安隱无漏道
我等及天人　為得最大利　是故咸稽首　歸命无上尊
尒時十六王子偈讚佛已勸請世尊轉於法
輪咸作是言世尊說法多所安隱憐愍饒益
諸天人民重說偈言
世雄无等倫　百福自莊嚴　得无上智慧

若我等得佛　衆生亦復然　世尊知衆生　深心之所念
亦知所行道　又知智慧力　欲樂及脩福　宿命所行業
世尊悉知已　當轉无上輪
佛告諸比丘大通智勝佛得阿耨多羅三藐
三菩提時十方各五百万億諸佛世界六種
震動其國中間幽瞑之處日月威光所不能
照而皆大明其中衆生各得相見咸作是言
此中云何忽生衆生又其國界諸天宮殿乃
至梵宮六種震動大光普照遍滿世界勝諸
天光尒時東方五百万億諸國土中梵天宮
殿光明照曜倍於常明諸梵天王各作是念
今者宮殿光明昔所未有以何因緣而現此
相是時諸梵天王即各相詣共議此事時彼

今者宮殿光明昔所未有以何因緣而現此
相是時諸梵天王即各相詣共議此事時彼
衆中有一大梵天王名救一切爲諸梵衆而説
偈言
我等諸宮殿　光明昔未有　此是何因緣　宜各共求之
爲大德天生　爲佛出世間　而此大光明　遍照於十方
尒時五百万億國土諸梵天王與宮殿俱各
以衣裓盛諸天華共詣西方推尋是相見大
通智勝如來處于道場菩提樹下坐師子座
諸天龍王乾闥婆緊那羅摩睺羅伽人非人
等恭敬圍繞及見十六王子請佛轉法輪即
時諸梵天王頭面礼佛繞百千帀即以天華
而散佛上其所散華如須弥山并以供養佛

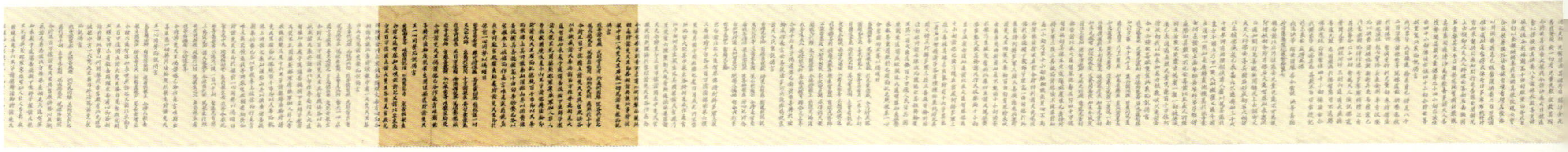

我等所獻宮殿願垂納處時諸梵天王即於
佛前一心同聲以偈頌曰
世尊甚希有　難可得值遇　具无量功德　能救護一切
天人之大師　哀愍於世間　十方諸衆生　普皆蒙饒益
我等所從来　五百万億國　捨深禪定樂　為供養佛故
我等先世福　宮殿甚嚴飾　今以奉世尊　唯願哀納受
尒時諸梵天王偈讚佛已各作是言唯願世
尊轉於法輪度脫衆生開涅槃道時諸梵天
王一心同聲而說偈言
世雄兩足尊　唯願演說法　以大慈悲力　度苦惱衆生
尒時大通智勝如来嘿然許之又諸比丘東南
方五百万億國土諸大梵王各自見宮殿光

尒時大通智勝如來嘿然許之又諸比丘東南
方五百万億國土諸大梵王各自見宮殿光
明照曜昔所未有歡喜踊躍生希有心即各
相詣共議此事時彼衆中有一大梵天王名
曰大悲為諸梵衆而說偈言
是事何因緣 而現如此相 我等諸宮殿 光明昔未有
為大德天生 為佛出世間 未曾見此相 當共一心求
過千万億土 尋光共推之 多是佛出世 度脫苦衆生
尒時五百万億諸梵天王與宮殿俱各以衣
裓盛諸天華共詣西北方推尋是相見大通
智勝如來處于道場菩提樹下坐師子座諸
天龍王乾闥婆緊那羅摩睺羅伽人非人等
恭敬圍繞及見十六王子請佛轉法輪時諸
梵天王頭面礼佛繞百千匝即以天華而散

佛上所散之華如須弥山并以供養佛菩提
樹華供養已各以宮殿奉上彼佛而作是言
唯見哀愍饒益我等所獻宮殿願垂納受尒
時諸梵天王即於佛前一心同聲以偈頌曰
聖主天中天　迦陵頻伽聲　哀愍衆生者　我等今敬礼
世尊甚希有　久遠乃一現　一百八十劫　空過无有佛
三惡道充滿　諸天衆減少　今佛出於世　為衆生作眼
世間所歸趣　救護於一切　為衆生之父　哀愍饒益者
我等宿福慶　今得值世尊
尒時諸梵天王偈讚佛已各作是言唯願世
尊哀愍一切轉於法輪度脫衆生時諸梵天
王一心同聲而說偈言
大聖轉法輪　顯示諸法相　度苦惱衆生　令得大歡喜
衆生聞此法　得道若生天　諸惡道減少　忍善者增益

大聖轉法輪　顯示諸法相　度苦惱衆生　令得大歡喜
衆生聞此法　得道若生天　諸惡道减少　忍善者增益
尒時大通智勝如来嘿然許之又諸比丘南方
五百万億國土諸大梵王各自見宫殿光明
照曜昔所未有歡喜踊躍生希有心即各相
詣共議此事以何因緣我等宫殿有此光曜而
彼衆中有一大梵天王名曰妙法爲諸梵衆
而說偈言
我等諸宫殿　光明甚威曜　此非无因緣　是相宜求之
過於百千劫　未曾見是相　爲大德天生　爲佛出世間
尒時五百万億諸梵天王與宫殿俱各以衣裓
盛諸天華共詣北方推尋是相見大通智勝
如来處于道場菩提樹下坐師子座諸天龍
王乾闥婆緊那羅摩睺羅伽人

王頭面礼佛繞百千帀即以天華而散佛上
所散之華如須弥山并以供養佛菩提樹華
供養已各以宮殿奉上彼佛而作是言唯見哀
愍饒益我等所獻宮殿願垂納受尒時諸梵
天王即於佛前一心同聲以偈頌曰
世尊甚難見　破諸煩惱者　過百三十劫　今乃得一見
諸飢渴衆生　以法雨充滿　昔所未曾有　无量智慧者
如優曇鉢華　今日乃值遇　我等諸宮殿　蒙光故嚴餝
世尊大慈悲　唯願垂納受
尒時諸梵天王偈讚佛已各作是言唯願世
尊轉於法輪令一切世間諸天魔梵沙門婆
羅門皆獲安隱而得度脫時諸梵天王一心
同聲以偈頌曰

門皆獲安隱而得度脫時諸梵天王一心
同聲以偈頌曰
惟願天人尊　轉无上法輪　擊于大法鼓　而吹大法螺
普雨大法雨　度无量衆生　我等咸歸請　當演深遠音
尒時大通智勝如來嘿然許之西南方乃至
下方亦復如是尒時上方五百万億國土諸大
梵王皆悉自覩所止宮殿光明威曜昔所未
有歡喜踊躍生希有心即各相詣共議此事
以何因緣我等宮殿有斯光明時彼衆中有
一大梵天王名曰尸棄為諸梵衆而說偈言
今以何因緣　我等諸宮殿　威德光明曜　嚴飾未曾有
如是之妙相　昔所未聞見　為大德天生　為佛出世間
尒時五百万億諸梵天王與宮殿俱各以衣裓
盛諸

王乾闥婆緊那羅摩睺羅伽人非人等恭敬
圍繞及見十六王子請佛轉法輪時諸梵天王
頭面礼佛繞百千帀即以天華而散佛上所散
之華如須弥山并以供養佛菩提樹華供養已
各以宮殿奉上彼佛而作是言唯見哀愍饒
益我等所獻宮殿願垂納處時諸梵天王即
於佛前一心同聲以偈頌曰
善哉見諸佛　救世之聖尊　能於三界獄　勉出諸衆生
普知天人尊　哀愍群萌類　能開甘露門　廣度於一切
於昔无量劫　空過无有佛　世尊未出時　十方常暗瞑
三惡道增長　阿脩羅亦盛　諸天衆轉減　死多墮惡道
不從佛聞法　常行不善事　色力及智慧　斯等皆減少
罪業因緣故　失樂及樂想　住於邪見法　不識善儀則

罪業因緣故　失樂及樂想　住於耶見法　不識善儀則
不蒙佛所化　常墮於惡道　佛為世間眼　久遠時乃出
哀愍諸衆生　故現於世間　超出成正覺　我等甚欣慶
及餘一切衆　喜歎未曾有　我等諸宫殿　蒙光故嚴飾
今以奉世尊　唯垂哀納受　願以此功德　普及於一切
我等與衆生　皆共成佛道
尒時五百万億諸梵天王偈讚佛已各白佛言
唯願世尊轉於法輪多所安隱多所度脫時諸
梵天王而說偈言
世尊轉法輪　擊甘露法鼓　度苦惱衆生　開示涅槃道
唯願受我請　以大微妙音　哀愍而敷演　无量劫習法
尒時大通智勝如来受十方諸梵天王及十六

苦集是苦滅是苦滅道及廣說十二因緣法
无明緣行行緣識識緣名色名色緣六入六
入緣觸觸緣受受緣愛愛緣取取緣有有緣
生生緣老死憂悲苦惱无明滅則行滅行滅
則識滅識滅則名色滅名色滅則六入滅六入
滅則觸滅觸滅則受滅受滅則愛滅愛滅則取
滅取滅則有滅有滅則生滅生滅則老死憂
悲苦惱滅佛於天人大衆之中說是法時六百
万億那由他人以不受一切法故而於諸漏心
得解脫皆得深妙禪定三明六通具八解脫
第二第三第四說法時千万億恒河沙那由
他等衆生亦以不受一切法故而於諸漏心得
解脫從是已後諸聲聞衆无量无邊不可稱

解脫從是已後諸聲聞衆无量无邊不可稱
數尒時十六王子皆以童子出家而爲沙弥
諸根通利智慧明了已曾供養百千万億
諸佛淨脩梵行求阿耨多羅三藐三菩提俱
白佛言世尊是諸无量千万億大德聲聞皆
已成就世尊亦當爲我等說阿耨多羅三藐
三菩提法我等聞已皆共脩學世尊我等志
願如來知見深心所念佛自證知尒時轉輪聖
王所將衆中八万億人見十六王子出家亦求
出家王即聽許尒時彼佛受沙弥請過二万
劫已乃於四衆之中說是大乘經名妙法蓮
華教菩薩法佛所護念說是經已十六沙弥

說是經時十六菩薩沙彌皆悉信受聲
聞眾中亦有信解其餘眾生千万億種皆生
疑惑佛說是經於八千劫未曾休癈說此經
已即入靜室住於禪定八万四千劫是時十六
菩薩沙彌知佛入室寂然禪定各昇法座亦
於八万四千劫為四部眾廣說分別妙法華
經一一皆度六百万億那由他恒河沙等眾生
示教利喜令發阿耨多羅三藐三菩提心大
通智勝佛過八万四千劫已從三昧起往詣法
座安詳而坐普告大眾是十六菩薩沙彌甚
為希有諸根通利智慧明了已曾供養无量
千万億數諸佛於諸佛所常脩梵行受持
佛智開示眾生令入其中汝等皆當數數親
近而供養之所以者何若聲聞辟支佛及諸

BD00254　妙法蓮華經卷三

佛智開示衆生令入其中汝等皆當數數親
近而供養之所以者何若聲聞辟支佛及諸
菩薩能信是十六菩薩所說經法受持不毀
者是人皆當得阿耨多羅三藐三菩提如來
之慧佛告諸比丘是十六菩薩常樂說是妙
法蓮華經一一菩薩所化六百万億那由他恒
河沙等衆生世世所生與菩薩俱從其聞
法悉皆信解以此因緣得值四百万億諸佛
世尊于今不盡諸比丘我今語汝彼佛弟子
十六沙弥今皆得阿耨多羅三藐三菩提於十
方國土現在說法有無量百千万億菩薩聲
聞以為眷屬其二沙弥東方作佛一名阿閦在
歡喜國二名須弥頂東南方二佛一名師子
音二名師子相

二佛一名阿弥陁二名度一切世間苦惱西北
方二佛一名多摩羅跋栴檀香神通二名須弥
相北方二佛一名雲自在二名雲自在王東北
方佛名壞一切世間怖畏第十六我釋迦牟尼
佛於娑婆國土成阿耨多羅三藐三菩提諸
比丘我等為沙弥時各各教化无量百千万
億恒河沙等衆生從我聞法為阿耨多羅三
藐三菩提此諸衆生于今有住聲聞地者我
常教化阿耨多羅三藐三菩提是諸人等應
以是法漸入佛道所以者何如來智慧難信難
解尒時所化无量恒河沙等衆生者汝等諸
比丘及我滅度後未來世中聲聞弟子是也
我滅度後復有弟子不聞是經不知不覺菩

我滅度後復有弟子不聞是經不知不覺菩
薩所行自於所得功德生滅度想當入涅槃
我於餘國作佛更有異名是人雖生滅度之
想入於涅槃而於彼土求佛智慧得聞是經
唯以佛乘而得滅度更无餘乘除諸如來方
便說法諸比丘若如來自知涅槃時到衆又
清淨信解堅固了達空法深入禪定便集
諸菩薩及聲聞衆為說是經世間无有二乘
而得滅度唯一佛乘得滅度耳比丘當知如來
方便深入衆生之性知其志樂小法深著五
欲為是等故說於涅槃是人若聞則便信受
譬如五百由旬險難惡道曠絕无人怖畏之

人欲過此道所將人衆中路懈退白導師言
我等疲極而復怖畏不能復進前路猶遠
今欲退還導師多諸方便而作是念此等可
愍云何捨大珎寶而欲退還作是念已以方
便力於險道中過三百由旬化作一城告衆人
言汝等勿怖莫得退還今此大城可於中止隨
意所作若入是城快得安隱若能前至寶所
亦可得去是時疲極之衆心大歡喜歎未曾
有我等今者免斯惡道快得安隱於是衆人
前入化城生已度想生安隱想尒時導師知
此人衆既得止息无復疲惓即滅化城語衆
人言汝等去來寶處在近向者大城我所化
作爲止息耳諸比丘如來亦復如是今爲汝等

人言汝等去來寶處在近向者大城我所化
作為止息耳諸比丘如來亦復如是今為汝等
作大導師知諸生死煩惱惡道險難長遠應
去應度若衆生但聞一佛乘者則不欲見佛
不欲親近便作是念佛道長遠久受勤苦乃
可得成佛知是心怯弱下劣以方便力而於中
道為止息故說二涅槃若衆生住於二地如
來尒時即便為說汝等所作未辦汝所住地近
於佛慧當觀察籌量所得涅槃非真實也但
是如來方便之力於一佛乘分別說三如彼導師
為止息故化作大城既知息已而告之言寶處
在近此城非實我化作耳尒時世尊欲重宣此
義而說偈言

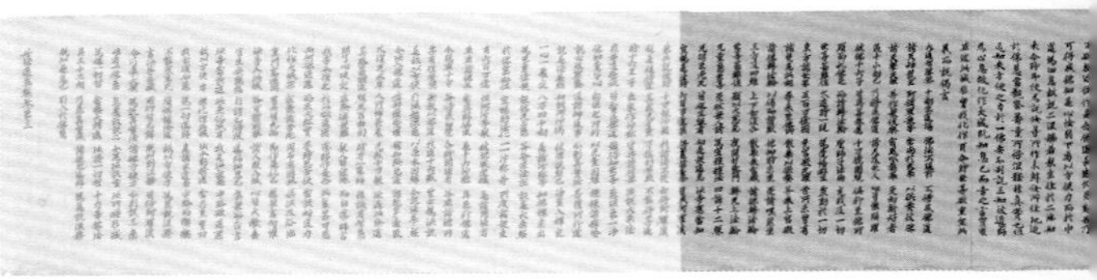

諸天擊天鼓　并作衆伎樂　香風吹萎華　更雨新好者
過十小劫已　乃得成佛道　諸天及世人　心皆懷踊躍
彼佛十六子　皆與其眷屬　千万億圍繞　俱行至佛所
頭面礼佛足　而請轉法輪　聖師子法雨　充我及一切
世尊甚難值　久遠時一現　為覺悟群生　震動於一切
東方諸世界　五百万億國　梵宮殿光曜　昔所未曾有
諸梵見此相　尋來至佛所　散華以供養　并奉上宮殿
請佛轉法輪　以偈而讚歎　佛知時未至　受請嘿然坐
三方及四維　上下亦復尒　散華奉宮殿　請佛轉法輪
世尊甚難值　願以大慈悲　廣開甘露門　轉无上法輪
无量慧世尊　受彼衆人請　為宣種種法　四諦十二緣
无明至老死　皆從生緣有　如是衆過患　汝等應當知
宣暢是法時　六百万億姟　得盡諸苦際　皆成阿羅漢

宣暢是法時　六百万億該　得盡諸苦際　皆成阿羅漢
第二說法時　千万恒沙衆　於諸法不受　亦得阿羅漢
從是後得道　其數无有量　万億劫筭數　不能得其邊
時十六王子　出家作沙弥　皆共請彼佛　演說大乘法
我等及營從　皆當成佛道　願得如世尊　慧眼第一淨
佛知童子心　宿世之所行　以无量因緣　種種諸譬喻
說六波羅蜜　及諸神通事　分別真實法　菩薩所行道
說是法華經　如恒河沙偈　彼佛說經已　靜室入禪定
一心一處坐　八万四千劫　是諸沙弥等　知佛禪未出
爲无量億衆　說佛无上慧　各各坐法座　說是大乘經
於佛宴寂後　宣揚助法化　一一沙弥等　所度諸衆生
有六百万億　恒河沙等衆　彼佛滅度後　是諸聞法者

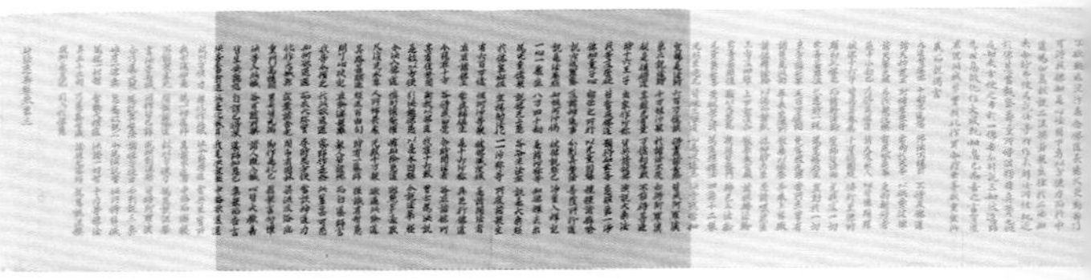

今現在十方 各得成正覺 爾時聞法者 各在諸佛所
其有住聲聞 漸教以佛道 我在十六數 曾亦為汝說
是故以方便 引汝趣佛慧 以是本因緣 今說法華經
令汝入佛道 慎勿懷驚懼 譬如險惡道 迥絕多毒獸
又復无水草 人所怖畏處 无數千万衆 欲過此險道
其路甚曠遠 經五百由旬 時有一導師 強識有智慧
明了心決定 在險濟衆難 衆人皆疲惓 而白導師言
我等今頓乏 於此欲退還 導師作是念 此輩甚可愍
如何欲退還 而失大珍寶 尋時思方便 當設神通力
化作大城郭 莊嚴諸舍宅 周帀有園林 渠流及浴池
重門高樓閣 男女皆充滿 即作是化已 慰衆言勿懼
汝等入此城 各可隨所樂 諸人既入城 心皆大歡喜
皆生安隱想 自謂已得度 導師知息已 集衆而告言
汝等當前進 此是化城耳 我見汝疲極 中路欲退還

汝等當前進　此是化城耳　我見汝疲極　中路欲退還
故以方便力　權化作此城　汝今勤精進　當共至寶所
我亦復如是　為一切導師　見諸求道者　中路而懈廢
不能度生死　煩惱諸險道　故以方便力　為息說涅槃
言汝等苦滅　所作皆已辦　既知到涅槃　皆得阿羅漢
尒乃集大衆　為說真實法　諸佛方便力　分別說三乘
唯有一佛乘　息處故說二　今為汝說實　汝所得非滅
為佛一切智　當發大精進　汝證一切智　十力等佛法
具三十二相　乃是真實滅　諸佛之導師　為息說涅槃
既知是息已　引入於佛慧

妙法蓮華經卷第三

BD00254v　勘記

BD00255-1 佛頂尊勝陀羅尼經序

（唐）志静 撰

BD00255-2 佛頂尊勝陀羅尼經

（唐）佛陀波利 譯

289.3cm × 26.7cm

佛頂尊勝陁羅尼經 并序
佛頂尊勝陁羅尼經者波
儀鳳元年從西國來至此
體投地向山頂礼日如來滅
有大士文殊師利於此山中汲引
菩薩波利所恨生逢八難不覩聖容法
沙故來敬謁伏乞大慈大悲普覆令見尊
儀言已悲泣雨淚向山頂礼礼已擧頭忽見一
老人從山中出來遂作婆羅門語謂僧曰法
師情存慕道追訪聖蹤不憚劬勞遠尋遺跡
然漢地衆生多造罪業出家之輩亦多犯戒律
唯有佛頂尊勝陁羅尼經能滅除惡業未知法
師頗將此經來不僧曰貧道直來礼謁不將經
來老人曰既不將經來空來何益縱見文殊

佛恩也師取經來至此弟子當示師文殊師利
菩薩所在僧聞此語不勝喜躍遂裁抑悲淚
至心頂礼舉頭之頃忽不見老人其僧驚愕
倍更虔心繫念傾誠迴還西國取佛頂尊勝
陁羅尼經至永淳二年迴至西京具以上事聞
奏大帝大帝遂將其本入內請日照三藏法
師及　勅司賓寺典客令杜行顗等共
譯此經施僧絹卅疋其經本禁在內不出其
僧悲泣奏曰貧道捐軀委命遠取經來情
望普濟群生救拔苦難不以財寶為念不以
名利關懷請還經本流行庶望含靈同益帝
遂留翻得之經還僧梵本其僧得梵本將向
西明寺訪得善梵語漢僧順貞奏共翻譯
帝隨其請僧遂對諸大德共貞翻譯訖僧將

BD00255-1　佛頂尊勝陀羅尼經序

帝隨其請僧遂對諸大德共貞飜譯訖僧將
梵本向五臺山入山於今不出今前後所飜兩
本並流行於代小小語有不同者幸勿怪焉
至垂拱三年定覺寺主僧志靜因停在神都
魏國東寺親見日照三藏法師問其逗留一如
上說志靜遂就三藏法師諮受神呪法師於是
口宣梵音經二七日句句委授具足梵音一无
差失仍更取舊飜梵本勘校所有脫錯悉皆
改定其呪初注云最後別飜者是也其呪句稍
異於杜令所飜者其新呪改定不錯并注其音
訖後有學者幸詳此焉至永昌元年八月於
大敬愛寺見西明寺上座澄法師問其逗留亦
如前說其飜經僧順貞見在西明寺此經救
拔幽顯最不可思議恐學者不知故具錄委
曲以傳未悟

佛頂尊勝陁羅尼經
罽賓國沙門佛陀波利奉詔譯

給孤獨園與大苾蒭衆千二百五十人俱又與
諸大菩薩僧万二千人俱尒時三十三天於
善法堂會有一天子名曰善住與諸大天遊
於園觀又與大天受勝尊貴與諸天女前後
圍繞歡喜遊戲種種音樂共相娛樂受諸快
樂尒時善住天子即於夜分聞有聲言善
住天子却後七日命將欲盡命終之後生贍
部洲受七返畜生身即受地獄苦從地獄出
希得人身生於貧賤處於母胎即无兩目尒
時善住天子聞此聲已即大驚怖身毛皆竪
愁憂不樂速疾往詣天帝釋所悲號啼哭
惶怖无計頂礼帝釋二足尊已白帝釋言聽
我所說我與諸天女共相娛遶受諸快樂聞
有聲言善住天子却後七日命將欲盡命終之

BD00255-1　佛頂尊勝陀羅尼經序　BD00255-2　佛頂尊勝陀羅尼經

我所詣我與諸天女共相娛樂受諸快樂聞
有聲言善住天子却後七日命將欲盡命終之
後生贍部洲七返受畜生身受七身已即生
諸地獄從地獄出希得人身生貧賤家而死
兩目天帝云何令我得免斯苦
尒時帝釋聞善住天子語已甚大驚愕即
自思惟此善住天子受何七返惡道之身尒
時帝釋須臾靜住入定諦觀即見善住當受
七返惡道之身所謂猪狗野干獼猴蟒虵烏
鷲等身食諸穢惡不淨之物尒時帝釋觀
見善住天子當墮七返惡道之身極助苦惱
痛割於心諦思无計何所歸依唯有如來應正
等覺令其善住得免斯苦
尒時帝釋即於此日初夜分時以種種花鬘塗
香末香以妙天衣莊嚴執持往詣誓多林園於
世尊所到已頂禮佛

當受七返畜生惡道之身具如上說
尒時如來頂上放種種光遍滿十方一切世界
已其光還來遶佛三匝從佛口入佛便微
笑告帝釋言天帝有陁羅尼名為如來佛
頂尊勝能淨一切惡道能淨除一切生死苦惱
又能淨除諸地獄閻羅王界畜生之苦又破
一切地獄能迴向善道天帝此佛頂尊勝陁
羅尼若有人聞一經於耳先世罪造一切地獄
惡業皆悉消滅當得清淨之身隨所生處憶
持不忘從一佛刹至一佛刹從一天界至一
天界遍歷三十三天所生之處憶持不忘天
帝若人命終將終須臾憶念陁羅尼還得
增壽得身口意淨身无苦痛隨其福利隨
處安隱一切如來之所觀視一切天神恒常侍

處安隱一切如来之所觀視一切天神恒常侍
衛為人所敬惡鄣消滅一切菩薩同心覆護
天帝若人能須臾讀誦此陁羅尼者此人所
有一切地獄畜生閻羅王界餓鬼之苦破壞
消滅无有遺餘諸佛剎土及諸天宮一切菩
薩所住之門无有鄣礙隨意遊入
尒時帝釋白佛言世尊唯願如来為衆生說
增益壽命之法
尒時世尊知帝釋意心之所念樂聞佛說是
陁羅尼法即說呪曰
南无阿(二合)唎耶怛囉夜耶(礼三寶) 南无婆伽婆帝(破一切惡魔)
帝𠻘路迦(三世界)波唎帝弥失瑟咤耶(到寶遍滿三界還至本處過去亦還知)
婆伽枕帝(破一切惡魔)怛姪(地夜)他(廣大)唵(過)毗戍馱耶(毗戍馱)
馱(洗諸塵垢是云一切諸惡)娑湯娑湯多(三世界揔到)𡁠摩訶娑(去聲還至本處)

陁毗曰聲尼沙 總盡 訶唎 住處 衤嚕衤

生罪業盡 㮈那 受得佛語 阿蜜栗多毗灑界 好 大大 阿 引 訶囉阿訶囉

急 阿庚散馱囉亭 救度一切衆生 弌馱耶弌馱耶 洗諸塵垢 云一切罪業 伽伽

行 那毗弌帝 洗除塵垢清淨 侶瑟尼沙毗磋夜 此是呪名 波哩弌帝

一切惡病洗盡 娑訶娑囉喇瑟銘 放大光明遍 散祖蛭帝 光遍照諸處 娑婆

怛他蘖哆 一切諸佛 地瑟咤那棄地瑟耻多 一切諸佛盡知 摩訶慕

帝唎 結印 跋左羅 杵 箇 引 夜 金剛身 僧訶多那弌帝 得三寶位

娑 一切 婆嚩 罪業罪障 囉那毗弌帝 一切洗淨 波 一切 囉 衆生苦難處到 帝你

伐馱夜 引 庚 長命 毗弌帝 一切洗淨 娑 我 湯夜地瑟耻帝 知

摩你摩你 我 摩摩你 上我 怛蛭他 如計 部馱俱計 十万佛說 波

唎弌帝嵌悉浦咤 無有不洗處 勃馱毗弌帝 佛清淨 說呪 磋耶

嵌磋耶徽磋耶 未得佛位 悉摩囉悉摩囉 常憶念 薩婆

勃馱 一切諸佛 地瑟耻多 一切佛知 弌帝 清淨 跋㮈嚕跋㮈嚕 金剛杵

跋㮈囉蘖 心 陛 心中有金剛杵 跋㮈嚂婆萬都 得金剛身 摩摩

舍唎嚂箇 引 夜 弟子某乙兼一切衆生身 波哩弌帝摩摩都 得清淨身

娑蔄多 莫生 娑婆弌帝 一切惡 支利弌帝 一切衆生

舍唎嚧箇引夜弟子某乙兼一切衆生身波哩弋帝摩摩都得清淨身
婆滿多莫生疑婆婆萎帝清淨一切惡波唎弋帝一切衆生盡得清淨
娑婆怛他蘗多一切如来娑摩濕嚩娑三世界清淨菈瑟耻帝
一切佛知薩嚩怛他蘗哆一切如来湯娑摩濕婆娑迮都一切佛盡得
慕户二合馱夜暮户馱夜菩薩毗部馱夜毗部馱未成菩薩婆
湯多一切波哩弋帝清淨娑嚩怛多蘗哆一切如來知地瑟
咤那地瑟耻帝咣地夜一切佛心地呪摩訶慕帝唎娑婆
訶成就
佛告帝釋言此呪名淨除一切惡道佛頂尊勝
陁羅尼能淨除一切罪業等鄣能破一切
穢惡道苦天帝此陁羅尼八十八殑伽沙俱
胝百千諸佛同共宣説隨喜受持大如来
智印印之爲破一切衆生穢惡道義故爲一
切地獄畜生閻羅王界衆生得解脱故臨急

神天帝說[illegible]
此陁羅尼於贍部洲住持力故能令地獄惡道
衆生種種流轉生死薄福衆生不信善惡業
失正道衆生等得解脫義故
佛告天帝我說此陁羅尼付囑於汝汝當受
與善住天子復當受持讀誦思惟愛樂憶念
供養於贍部洲一切衆生廣為宣說此陁羅
尼亦為一切諸天子故說此陁羅尼印付囑
於汝天帝汝當善持守護勿令忘失
天帝若人須臾得聞此陁羅尼千劫已來積
造惡業重鄣應受種種流轉生死地獄餓鬼
畜生閻羅王界阿脩羅身夜叉羅剎鬼神
布單那羯吒布單那阿波娑摩羅蚊𧎨龜
狗鱗虵一切諸鳥及諸猛獸一切蠢動含靈乃
至蟻子之身更不重受即得轉生諸佛如來
一生補處菩薩同會處生或得大姓婆羅門

至蟻子之身更不重受即得轉生諸佛如来
一生補處菩薩同會處生或得大姓婆羅門
家生或得刹利種家生或得豪貴家勝家
生天帝此人身如上貴處生者皆由聞此陁羅
尼故轉所生處皆得清淨天帝乃至得到菩
提道場最勝之處皆由讚歎此陁羅尼功
德如是
天帝此陁羅尼名吉祥能淨一切惡道此佛
頂尊勝陁羅尼猶如日藏摩尼之寶淨无
瑕穢淨等虛空光焰照徹无不周遍若諸
衆生持此陁羅尼亦復如是亦如閻浮檀金
明淨柔軟令人喜見不為穢惡之所染著天
帝若有衆生持此陁羅尼亦復如是乗斯善
事得生善道天帝此陁羅尼所在之處若能
書寫流通受持讀誦聽聞供養如是[illegible]

佛告天帝若人能書寫此陁羅尼安高幢上
或安高山或安樓上乃至安置窣堵波中天
帝若有苾芻苾芻尼優婆塞優婆夷族姓
男族姓女於幢等上或見或與相近其影映
身或風吹陁羅尼幢等上塵落在身上天帝
彼諸衆生所有罪業應墮惡道地獄畜生
閻羅王界餓鬼阿脩羅身惡道之苦皆悉不
受亦不為罪垢染汙天帝此等衆生為一切
諸佛之所授記皆得不退轉於阿耨多羅三藐
三菩提天帝何況更以多諸供具花鬘塗香
末香幢幡蓋等衣等瓔珞作諸莊嚴於四衢
道造窣堵波安置陁羅尼合掌恭敬旋遶
行道歸命礼拜天帝彼人能如是供養者名摩
訶薩埵真是佛子持法棟梁又是如來全身舍
利窣堵波荅

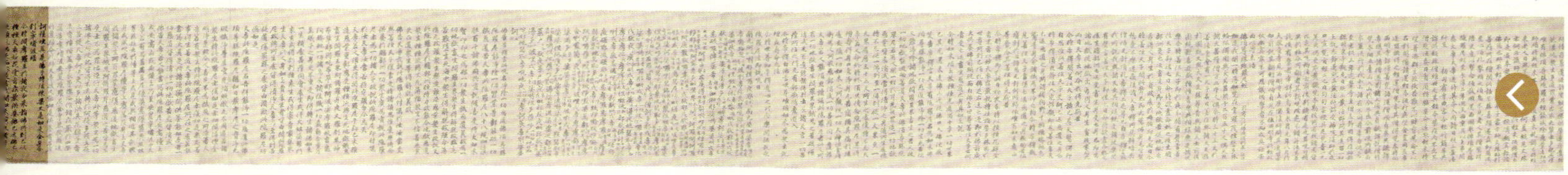

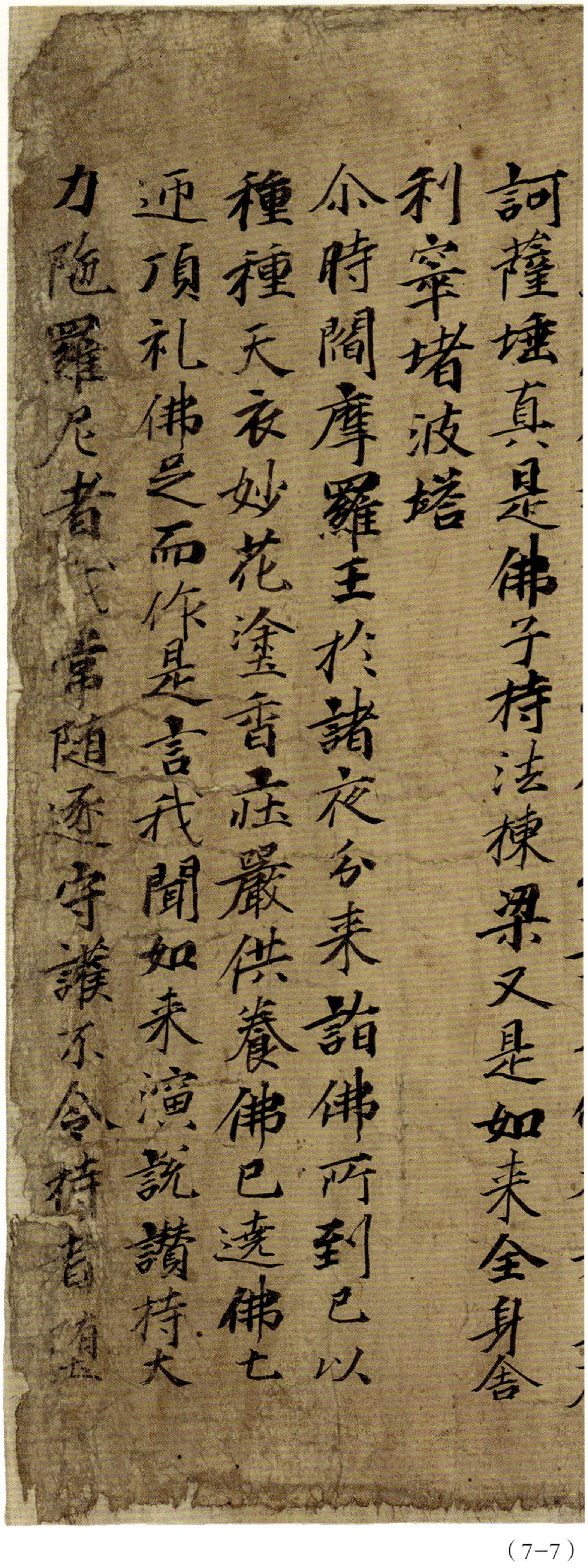

訶薩埵真是佛子持法棟梁又是如来全身舍
利窣堵波塔
尒時閻摩羅王於諸夜分来詣佛所到已以
種種天衣妙花塗香莊嚴供養佛已遶佛七
匝頂礼佛足而作是言我聞如来演説讃持大
力陁羅尼者我常隨逐守護不令持者墮

BD00255-2　佛頂尊勝陀羅尼經

BD00256　摩尼教經典（待考）

624cm × 27.5cm

若不遇緣无由自脫求解
□身本性是一為是二耶一切諸聖出現於世施□
方便能救明性得離衆苦究竟安樂作是問已曲躬
恭敬却住一面
尒時明使告阿馱言善哉善哉汝為利益无量衆
生能問如此甚深秘義汝今即是一切世間盲迷衆
生大善知識我當為汝分別解說令汝疑網永斷
無餘汝等當知即此世界未立已前淨□善母二光明
使入於暗坑无明境界拔擢驍健常□
甲五分明身榮持昇進令出五坑其五類魔黏五明身
如蠅著蜜如鳥被黐如魚吞鉤以是義故淨風明使以

風及善母等以巧方便安立十天次置業輪及日月宮并
下八地三衣三輪乃至三灾鐵圍四院未勞俱孚山及諸
小山大海江河作如是等建立世界禁五類魔皆於十
三光明大力以爲囚縛其十三種大勇力者先意淨風
各五明子及呼嚧瑟德嗷嘍嚄德并窣路沙羅夷等其
五明身猶如牢獄五類諸魔同彼獄囚淨風五子如掌獄
官說聽喚應如喝更者其第十三窣路沙羅夷如斷事
王於是貪魔見斯事已於其毒心重興惡計即令路
傷及業羅泱以像淨風及善母等於中變化造立
人身禁囚明性放大世界如是毒惡貪慾宍身雖復
微小一一皆放天地世界業輪星宿三灾四圍大海江河
乾濕二地草木禽獸山川堆阜春夏秋冬年月時日

乾濕二地草木禽獸山川堆阜春夏秋冬年月時日
乃至有礙无礙无有一法不像世界喻若金師模白象
形寫指環內於其象身无有增減人類世界亦復如是
其彼淨風取五類魔於十三種光明淨體囚禁束縛
不令自在魔見是已起貪毒心以五明性禁於宍城身
為小世界然以十三无明暗力囚固束縛不令自在其彼
貪魔以清淨氣禁於骨城安置暗相栽蒔死樹又以妙
風禁於筋城安置暗心栽蒔死樹又以明力禁於脉城
安置暗念栽蒔死樹又以妙水禁於宍城安置暗思栽蒔
死樹又以妙火禁於皮城安置暗意栽蒔死樹貪魔
以此五毒死樹栽於五種破壞地中每令惑亂光明
本性抽彼客性變成毒菓是暗相樹者生於骨城其

生於脈城其菓是婬其忿恚樹生於肉城其菓
是忿其暗意樹者生於皮城其菓是癡如是五種骨
筋脈宍皮等以為牢獄禁五分身亦如五明囚諸魔
類又以怨憎嗔恚婬慾忿怒及愚癡等以為獄官放
彼淨風五驍健子中間貪慾以像唱更說聽喚應饞
毒猛火恣令自在放窂路沙羅夷其五明身既被如
是苦切禁縛廢忘本心如狂如醉猶如有人以衆毒
虵編之為籠頭皆在內吐毒縱橫復取一人倒懸於
內其人尒時為毒所逼及以倒懸心意迷錯無暇思惟
父母親戚及本歡樂今五明性在宍身中為魔囚縛
晝夜受苦亦復如是又復淨風造二明船於生死海運
渡善子達於本界令光明性究竟安樂怨魔貪主見
此事已生嗔妒心即造二形雄雌等相以放日月二大

此事已生嗔妬心即造二形雄雌等相以放日月二大
明船惑亂明性令昇暗船遂入地獄輪迴五趣備受諸
苦卒難解脫若有明使出興於世教化眾生令脫諸
苦先從耳門降妙法音後入故宅持大神呪禁眾毒
虵及諸惡獸不令自在復賫智斧斬伐毒樹除去株
杌并餘穢草並令清淨嚴餝宮殿敷置法座而乃坐之
猶如國王破怨敵國自於其中莊餝臺殿安處寶座
平斷一切善惡人民其惠明使亦復如是既入故城壞怨
敵已當即分判明暗二力不令雜亂先降怨憎禁於骨城
令其淨氣俱得離縛次降嗔恚禁於筋城令淨風妙即 忿怒禁於
得解脫又伏婬慾禁於脈城令其妙水即便離縛又伏愚
肉城令其妙水即便離脫又伏
癡禁於皮城令其妙火俱得解脫貪慾二魔禁於中間
[illegible]

[illegible]
卦其彼飢魔即是猛火鍊五分身令使清淨惠明大使於善
身中使用飢火為大利益其五明力住和合體因彼善人
銓簡二力各令分別如此宍身亦名故人即是骨筋脈宍
皮怨嗔婬怒癡及貪饞婬如是十三共成一身以像无始无
明境界第二暗夜即是貪魔毒惡思惟諸不善性所謂
愚癡婬慾自譽亂他嗔恚不淨破壞銷散死亡誑惑返逆
暗相如是等可畏无明暗夜十二暗時即是本出諸魔記
驗以是義故惠明大智以善方便於此宍身銓救明性令
得解脫於己五體化出五施資益明性先從明相化出憐
愍加被淨氣次從明心化出具足加被明力又於明思化出忍
辱加被淨水又於明意化出智惠加被淨火呼嚧瑟德嚩
嘍嚄德於語藏中加被智惠其氣風明水火憐愍誠信具
足忍辱智惠及呼嚧瑟德嚩嘍嚄德与彼惠明如是十

足忍辱智惠及呼嚧瑟德嘞嗼囉德与彼惠明如是十
三以像清淨光明世界明尊記驗持具戒者猶如日也
第二日者即是智惠十二大王從惠明化像日圓滿具足記驗
第三日者自是七種摩訶羅薩本每入清淨師僧身中
從惠明處受得五施及十二時成具足日即像窣路沙羅
夷大力記驗如是三日及以二夜於其師僧乃至行者並
皆具有二界記驗或時故人与新智人共相鬪戰如初貪
魔擬侵明界如斯記驗從彼故人暗毒相中化出諸魔即
共新人相體鬪戰如其新人不防記念廢忘明相即有
記驗其人於行无有憐愍觸事生瞋即將明性清淨相
體寄住客性亦被損壞若當防護記念警覺逆忍
憎當行憐愍明性相體還復清淨寄住客性離諸危
厄歡喜踊躍礼謝而去

……單於彼人身有大記驗其人於行無有言[illegible]能[illegible]
嗔寄住客性當即被縛明性心體若還記念不忘本
心令覺驚悟嗔恚殺退誠信如故寄住客性免脫諸苦達
於本界或時新人忘失記念即被無明暗毒念中化出
諸魔共彼新人清淨念體即相鬬戰當於是人有大記
驗其人於行无有具足慈心熾盛寄住客性即當被縛
如其是人記念不忘於具足體善能防護摧諸怨想
令復起寄住客性免脫衆苦俱時清淨達於本界
或時於彼无明思中化出諸魔共新人思即相鬬戰如
其是人癡忘本思當有記驗其人於行即無忍辱韜
事生怨客主二性俱時被縛如其是人記念不忘覺來
相敵怨心退謝忍辱大力還當扶護寄住客性欣然解
脫本性明白思體如故
或時於彼无明意中化出諸魔共彼新人意體即相鬬戰

肝本性明白思體如古
或時於彼无明意中化出諸魔即共新人意體鬪戰
如其是人忘失本意當有記驗其人於行多有愚癡
容並二性俱被染汙如其是人記念不忘愚癡若起當
即自覺速能降伏策勤精進成就智惠寄住客性
因善業故俱得清淨明性意體湛然无穢如是五種極大
鬪戰新人故人時有一陣新人因此五種勢力防護（衛）怨
敵如大世界諸聖記驗憐愍以像持世明使誠信
以像十天大王具足以像降魔勝使忍辱以像地藏
明使智惠以像催光明使爲此義故過去諸聖及
現在教化如是說出家之人非共有礙宍身相戰乃是
无礙諸魔毒性互相鬪戰如此持戒清淨師等類同
諸聖何以故降伏魔惡不異聖故或時人故兵衆退敗

乃入諸淨微妙於城寶處裏[illegible]法[illegible]
至心念思意等城亦復如是一一遍入若具惠明遊
於相城當知是師所說正法皆悉微妙樂說大明三
常五大神通變化具足諸相次於法中專說憐愍
戒遊心城當知是師樂說日月光明宮殿神通變化具
足威力次於法中專說誠信
戒遊念城當知是師樂說大相窣路沙羅夷神通變化
具足黙然次於法中專說具足
戒遊思城當知是師樂說五明神通變現次於法中
專說忍辱
戒遊意城當知是師樂說明使過去未來及現在者
神通變化隱現自在次於法中專說智惠是故智者
諦觀是師即知惠明在何國土若有清淨電那勿等如是

諦觀是師即知惠明在何國土若有清淨電那勿等如是
住持无上正法乃至命終不退轉者命終已後其彼故人
及以兵衆无明暗力墮於地獄无有出期當即惠明引已
明軍清淨眷屬直至明界究竟无畏常受快樂應
輪經云若電那勿等身具善法光明父子及淨法風皆
於身中每常遊止其明父者即是明界无上明尊其明
子者即是日月光明淨法風者即是惠明寧萬經
云若電那勿具善法者清淨光明大力智惠皆備在
身即是新人功德具足
汝等諦聽惠明大使入此世界顛倒耶城屈曲聚落壞朽
故宅至於魔宮其彼貪魔爲破落故造新穢城因
己愚癡恣行五慾感時白鴿微妙淨風勇健法子大聖之

落既望見已漸次進行至於城上直下遥望見七寶珠一
一寶珠價直无量皆被雜穢纏覆其上時惠明使先
取膏腴肥壞好地以己光明无上種子種之於中又於己
體脫出摸樣及諸珍寶為自饒益大利興生種種莊嚴
具足内性以為依柱真實種子依因此柱得出五重无
明暗坑猶如大界先意淨風各有五子与五明身作依止
柱於是惠明善巧田人以憙无明崎嶇五地而平填之先
除荊棘及諸毒草以火焚燒次當誅伐五種毒樹其五
暗地既平殄已即為新人置立殿堂及諸宮室於其園中
栽蒔種種香花寶樹然後乃為自身莊嚴宮室寶
座莊嚴次為左右无數眷屬亦造宮室其惠明使以
自威神建立如是種種成就又翻毒恩貪慾暗地令其
顛倒於是明性五種淨體漸得申暢其五體者則相

顛倒於是明性五種淨體漸得中暢其五體者則相
心念思意是時惠明使於其清淨五重寶地栽蒔
五種光明勝譽无上寶樹復於五種光明寶光明
臺燃五常住光明寶燈
時惠明使施五施已先以駈逐无明暗相伐卻五種毒惡死
樹其樹根者自是怨憎其莖剛強其枝是嗔其葉是恨菓
是分拆味是泊淡色是識嬾其次駈逐无明暗心伐卻死
樹其樹根者自是无信其莖是忘枝是諂慎葉是剛強
菓是煩惱味是貪慾色是拒諱其次駈逐无明暗念伐去
死樹其樹根者自是婬慾莖是怠墮枝是剛強葉是增
上菓是識諂味是貪嗜色是愛慾諸不淨業先為後誨
次逐暗思伐去死樹其樹根者自是忿怒莖是愚癡枝是

代去死樹其樹根者自是忌慮……
頤影自謂无比葉是越衆莊嚴服餝味是愛樂瓔珞真珠
環釧諸雜珍寶串佩其身色是貪嗜百味飲食資益宍身
如是樹者名為死樹貪魔於此无明暗窟勤加種蒔
時惠明使當用智惠快利钁斧次第誅伐以以已五種无上
清淨光明寶樹於本性地而栽種之於其寶樹溉甘露水生
成仙菓先栽相樹其相樹者根是怜愍莖是快樂枝是歡
喜葉是受衆菓是安泰味是敬慎色是堅固次栽清淨妙
寶心樹其樹根者自是誠信莖是見信枝是怕懼葉是
警覺菓是勤學味是讀誦色是安樂次栽念樹其樹根
者自是具足莖是好意枝是威儀葉是真實莊嚴諸
行菓是實言無虛妄語味是說清淨法正色是愛樂相見
次栽思樹其樹根者自是忍辱莖是安泰枝是忍受葉是
非我菓是齋贊味是勤脩色是精進次栽意樹其樹根

BD00256　摩尼教經典（待考）

次栽恩樹其樹根者自是恩厚莖是安泰枝是恩愛葉是
律戒菓是齋讚味是勤循色是精進次栽意樹其樹根
者自是智惠莖是了二宗義枝是明法辯才葉是權變
知機能推異學崇建正法菓是能巧問荅緣隨機善
說味是善能譬喻令人曉悟色是柔謙美辭所陳悅
衆如是樹者名為活樹
時惠明使以此甘樹於彼新城微妙宮殿寶座四邊
諸園觀自性五地於其地上而栽種之其中王者即是憐
愍其憐愍者即是一切功德之祖猶如朗日諸明中最亦如
滿月衆星中尊又如國王花冠於諸嚴飾最為第一亦
如諸樹其菓為最又如明性處彼暗身於其身中微妙
无比亦如素塩能与一切上妙餚饌而作滋味又如國王印
璽所印之處无不遵奉亦如明月寶珠於衆寶中而為第
一切[illegible]

如是有怜愍者則有善法若无怜愍脩諸功德皆不成就
緣此事故稱爲王其怜愍中復有誠信其誠信者即是
一切諸善之母猶如王妃能助國王撫育一切亦如火力通熟
万物資成諸味又如日月於衆像中最尊无比舒光普照无不滋益
怜愍誠信於諸功德成就具足亦復如是怜愍誠信亦是諸聖
過去未來明因基址道觀妙門亦是三界煩惱大海側足狹
路百千衆中稀有一人能入此路若有入者依因此道得生淨土
離苦解脫究竟无畏常樂安淨
又惠明使於魔暗身顯三大光明惠日降伏二種无明暗
夜像彼无上光明記驗第一日者即是惠明十二時者即是勝相
十二大王以像清淨光明世界无上記驗第二日者即是新
人清淨種子十二時者即是十二次化明王又是夷數勝相妙衣施
与明性以此妙衣莊嚴內性令其具足拔擢升進永離穢土

BD00256　摩尼教經典（待考）

与明性以此妙衣莊嚴內性令其具足拔擢昇進永離穢土

其新人日者即像廣大寧路沙羅義十二時者即像先意及

以淨風吞五明子弁呼嚧瑟德嘞嚧嚩德合為十三光明淨

體以成一日

第三日者即是說聽及喚應聲十二時者即是微妙相心念思

意等及与憐愍誠信具足忍辱智惠等是其此喚應第四

日者以像大界日明光使憐愍相等十二時者即像日宮十二化

女光明圓滿合成一日

其次復有兩種暗夜第一夜者即是貪魔其十二時者即是

骨節脉宍皮等及以寃憎嗔恚婬慾忿怨愚癡貪欲飢

火如是等輩不淨諸毒以像暗界无始无明第一暗夜第二

夜者即是猛毒慾熾焰十二時者即是十二暗毒思惟如是

暗夜以像諸魔初興記驗時惠明日對彼无明重昏暗夜

罸無畏惠明相者第一大王二者智惠三者常勝四者歡喜
五者勤修六者平等七者信心八者忍辱九者直意十
者功德十一者齊心一等十二者内外俱明如是十二光明大時
若入相心意念思意等五種國土一一皆是无量光明各各現
果亦復无量其菓即於清淨徒衆而具顯現
若電那勿具足十二光明時者當知是師与衆有異言有異者是
慕闍拂多誕等於其身心常生慈善柔濡別識安泰和
同如是記驗即是十二相樹初萌顯現於其樹上每常開
敷无上寶花既開已輝光普照一一花間化佛无量展轉相
生化无量身
若電那勿内懷第一大王樹者當知是師有五記驗一者不樂久
住一處如王自在亦不常住一處時有出遊將諸兵衆嚴持器
仗種種具備能令一切恶獸怨敵悉皆降伏二者不憹所至之

仗種種具脩能令一切惡獸惡敵悉皆降伏二者不懼所至之
處若得儭施不私隱用皆納大衆三者貞潔防諸過患自能
清淨亦復轉勸餘脩學者令使清淨四者於己尊師有智
惠者而常親近若有无智樂欲戲論及鬪諍者即皆遠離
五者常樂清淨徒衆与共住止所至之處亦不別衆獨寢一室
若有此者名為病人如世病人為病所惱常樂獨處不顛
親近眷屬知識不樂衆者亦復如是二智惠者若有持戒竉
舩匃等內懷智性者當知是師有五記驗一者常樂讚歎清淨
有智惠人及樂清淨智惠徒衆同會一處心生歡喜常無
厭離二者若已智根見解狹劣聞他智者智惠言語心無妬嫉
三者諸有業行常當勤學心不懈怠四者常自勤學智
惠方便諸善威儀亦勸餘人同共脩習五者於其禁戒
慎懼不犯若悞犯者速即對衆發露陳悔

鬬諍諠乱若有鬬諍速即遠離强来鬬者而能伏忍三
者若論難有退屈者不得承危嫚以稱快四者輙不謗
陳不問而説若有来問思忖而荅不令究竟因言被耻五
者於他語言隨順不逆亦不强證以成彼過若於法衆其心
和合无有分折四者歡喜者若有清淨電那勿等內懷歡喜
性者當知是師有五記驗一者於聖教中所有禁戒威儀進
止一一歡喜盡力依持乃至命終心无放捨二者但聖所制年
一易衣日一受食歡喜敬奉不以為難亦不妄證云是諸
聖權設此教虚引經論言通再受求解脫者不依此式三
者但學己宗清淨正法亦不求諸耶敗教四者心常卑下於
諸同學而无憎上五者若謂處下流不越居上身為尊
首視衆如己愛無偏黨
五勤脩者若有清淨電那勿等內懷懃性當知是師有五

五勤修者若有清淨電船勿等內懷懃性當知是師有五
記驗一者不樂睡眠妨修道業二者常樂讀誦勵心不忘同
學教誨加意喜謝亦不回教心生忌恨已常懃修轉勸
餘者三者常樂演說清淨正法四者讚唄礼誦轉誦抄寫
繼念思惟如是等時无有虛度五者所持禁戒堅固不缺
六真實者若有清淨電船勿等內懷真實性者當知是
師有五記驗一者所說經法皆悉真實一依聖教不妄宣
示於有說有於无說无二者心意常以真實和同不待外
緣因而取則三者所持戒行每常真實若獨若眾心无
有二四者常於己師心懷決定盡力承事不生疑惑乃
至命終更无別意五者於諸同學勸令修習以真實行
教道衆一切
七信心者若有清淨電船勿等內懷信心性者當知是師有

五記驗一者信二宗義心〔以下殘〕

於諸戒律其心決定三者於聖經典不敢增減一句一字四者於
正法中所有利益心助歡喜若見為魔之所損惱當起慈悲
同心憂慮五者不妄宣說他人過惡亦不嫌謗傳言兩舌性常
常柔濡質直无二
八忍辱者若有清淨電那勿等內懷忍辱性者當知是師
有五記驗一者心恒慈善不生忿怒二者常懷歡喜不起恚
心三者於一切處心無惡恨四者心不剛強口无麤惡常以濡語
悅可衆心五者若內若外設有諸惡煩惱對值來侵辱者皆能
忍受歡喜无惡
九直意者若有清淨電那勿等內懷直意性者當知是師
有五記驗一者不為煩惱之所繫縛常自歡喜清淨直意二
者但於法中若大若小所有諮問恭敬領受隨喜善應答三者
於諸學同言无反難不護己短而懷嗔恚四者言行相副心

[illegible]
於諸學同言无反難不謢已短而懷嗔恚四者言行相副心
恒質直不求他過以戌鬪競五者法內兄弟若於聖教心有異
者當即遠離不共住止亦不親近共戌勢力故惱善衆十功德
者若有清淨電舩勿等內懷功德性者當知是師有五記驗
一者所出言語不損一切恒以慈心善巧方便能令衆人皆得
歡喜二者心恒清淨不恨他人亦不造愆令他嗔恚口常柔耎離
四種過三者於尊於卑不懷妬嫉四者不奪徒衆經論弟子
隨所至方清淨住處歡喜住止不擇華好五者常樂教悔一
切人民善巧智惠令脩正道
十一齊心一等者若有清淨電舩勿等內懷齊心性者當知是
師有五記驗一者法主慕闍拂多誕等所教智惠善巧方便
威儀進止一一依行不敢改換不專已見二者常樂和合与衆
[illegible]

遠離調悔戲笑及以諍論善護內外和合二性
十二內外俱明者若有清淨電那勿等內懷俱明性者當知
是師有五記驗一者善拔識心不令貪欲使已明性常得自在
能於女人作虛假想不為諸色之所留難如鳥高飛不殉
羅網二者不与聽者偏交厚重亦不固戀諸聽者家将如
己舍若見法外俗家損失及愁惱事心不為憂設獲利益
及餘喜事心亦如故三者若行若住若坐若臥不寵宍身
求諸細滑衣服臥具飲食湯藥象馬車乘以榮其身四者
常念命終險難苦楚危厄之日常觀無常及平等王如對
目前無時暫捨五者自身柔順不惱兄弟及諸知識不令
嗔怒亦不堅譏令他惡名常能定心安住淨法如是等者名
為十二明王寶樹我從常樂光明世界為汝等故持至於此
以此樹栽於汝等清淨衆中汝等上相善慧男女當須各自

為十二明王寶樹我從常樂光明世界為汝等故於金剛山谷
以此樹栽於汝等清淨衆中汝等上相善慧男女當須各自
於清淨心栽植此樹令使增長猶如上好無砂鹵地種一收
万如是展轉至无量數汝等今者若欲成就无上大明清
淨菓者皆當莊嚴如寶樹令得具足何以故汝等善根
此樹菓得離四難及諸有身出離生死究竟常勝至安樂
處尒時會中諸衆閣等聞說是經歡喜踊躍歎未曾
有諸天善神有导无导及諸國王群臣士女四部之衆无量
无數聞是經已皆大歡喜悉能發起无上道心猶如春木
值遇陽春無不滋茂敷花結菓得成熟唯除敗根不能
滋茂長
時衆閣等頂礼明使長跪叉手作如是言唯有大聖三界獨
尊是普衆生慈悲父母亦是三界大引道師亦是含靈大

能生寶等亦是衆生甘露大海亦是廣大衆寶香山亦是
任衆金剛寶柱亦是巨海巧智船師亦是火坑慈悲救手
亦是死中与常命者亦是衆生明性中性亦是三界諸牢固
獄解脫明門諸慕闇等又啓明使作如是言唯大明尊
能歎聖德非是我等實舌劣智稱讚如來功德智恵千万
分中能知少分我今勵己小德小智舉少微意歎聖弘慈
唯願大聖垂憐愍心除捨我等曠劫已來无明重罪令得
銷滅我等今者不敢輕慢皆當奉持无上寶樹使令具足
緣此法水洗濯我等諸塵重垢令我明性常得清淨緣此法
藥及大神呪呪療我等多劫重病悉得除愈緣此智恵
堅牢鎧仗被串我等對彼惡敵皆得強勝緣此微妙衆相
衣冠莊嚴我等皆得具足緣此本性光明摸樣印稱我
等不令散失緣此甘膳百味飲食飽足我等離諸飢渴

BD00256　摩尼教經典（待考）

等不令散失緣此甘膳百味飲食飽足我等離諸飢渴
緣此无數微妙音樂娛樂我等離諸憂惱緣此種種奇
異珎寶給施我等令得富饒緣此明網於大海中撈漉
我等安置寶船我等今者上相福厚得覩大聖珠特相
好又聞如上微妙法門蠲除我等煩惱諸戲識心得開悟納
如意珠威光得履正道過去諸聖不可稱數皆依此門得離
四難及諸有身至光明界受无量樂唯願未來一切明性
得遇如是光明門者若見若聞亦如往聖及我今日聞法歡
喜心得開悟尊重頂受不生疑慮時諸大眾聞是經已
如法信受歡喜奉行

BD00257 大般若波羅蜜多經卷四〇八

（唐）玄奘 譯

47.8cm × 25.6cm

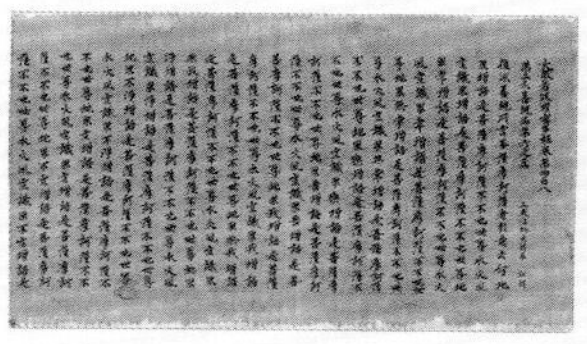

大般若波羅蜜多經卷第四百八
第二分善現品第六之三　　三藏法師玄奘奉　詔譯
復次善現所言菩薩摩訶薩者於意云何地
界增語是菩薩摩訶薩不不也世尊水火風
空識界增語是菩薩摩訶薩不不也世尊地
界常增語是菩薩摩訶薩不不也世尊水火
風空識界常增語是菩薩摩訶薩不不也世
尊地界無常增語是菩薩摩訶薩不不也世
尊水火風空識界無常增語是菩薩摩訶薩
不不也世尊地界樂增語是菩薩摩訶薩不
不也世尊水火風空識界樂增語是菩薩摩
訶薩不不也世尊地界苦增語是菩薩摩訶
薩不不也世尊水火風空識界苦增語是菩

是菩薩摩訶薩不不也世尊地界我增語是菩薩
摩訶薩不不也世尊水火風空識界我增語
是菩薩摩訶薩不不也世尊地界無我增語
是菩薩摩訶薩不不也世尊水火風空識界
無我增語是菩薩摩訶薩不不也世尊地界
淨增語是菩薩摩訶薩不不也世尊水火風
空識界淨增語是菩薩摩訶薩不不也世尊
地界不淨增語是菩薩摩訶薩不不也世尊
水火風空識界不淨增語是菩薩摩訶薩不
不也世尊地界空增語是菩薩摩訶薩不不
也世尊水火風空識界空增語是菩薩摩訶
薩不不也世尊地界不空增語是菩薩摩訶
薩不不也世尊水火風空識界不空增語是

BD00258

妙法蓮華經卷六

（後秦）鳩摩羅什 譯

1395.2cm × 26cm

德品第　六

弥勒菩薩摩訶薩　尊若有善

男子善女人聞是法華經隨喜者得幾所福

而說偈言

世尊滅度後　其有聞是經　若能隨喜者　為得幾所福

尒時佛告弥勒菩薩摩訶薩阿逸多如來滅

後若比丘比丘尼優婆塞優婆夷及餘智者

若長若幼聞是經隨喜已從法會出至於餘

處若在僧坊若空閑地若城邑巷陌聚落田

里如其所聞為父母宗親善友知識隨力演

說是諸人等聞已隨喜復行轉教餘人聞已
亦隨喜轉教如是展轉至第五十阿逸多其
第五十善男子善女人隨喜功德我今說之
汝當善聽若四百万億阿僧祇世界六趣四
生衆生卵生胎生濕生化生若有形无形有
想无想非有想非无想无足二足四足多足
如是等在衆生數者有人求福隨其所欲娛
樂之具皆給與之一一衆生與滿閻浮提金
銀琉璃車𤦲馬瑙珊瑚虎珀諸妙珎寶及象
馬車乘七寶所成宮殿樓閣等是大施主如

BD00258　妙法蓮華經卷六

馬車乘七寶所成宮殿樓閣等是大施主如
是布施滿八十年已而作是念我已施衆生
娛樂之具隨意所欲然此衆生皆已衰老年
過八十髮白面皺將死不久我當以佛法而
訓導之即集此衆生宣布法化示教利喜一
時皆得須陁洹道斯陁含道阿那含道阿羅
漢道盡諸有漏於深禪定皆得自在具八解
脫於汝意云何是大施主所得功德寧爲多
不彌勒白佛言世尊是人功德甚多无量无
邊若是施主但施衆生一切樂具功德无量

何況令得阿羅漢果佛告彌勒我今分明語
汝是人以一切樂具施於四百万億阿僧祇
世界六趣衆生又令得阿羅漢果所得功德
不如是第五十人聞法華經一偈隨喜功德
百分千分百千万億分不及其一乃至筭數
譬喻所不能知阿逸多如是第五十人展轉
聞法華經隨喜功德尚无量无邊阿僧祇何
況㝡初於會中聞而隨喜者其福復勝无量
无邊阿僧祇不可得比又阿逸多若人為是
經故往詣僧坊若坐若立須臾聽受緣是功

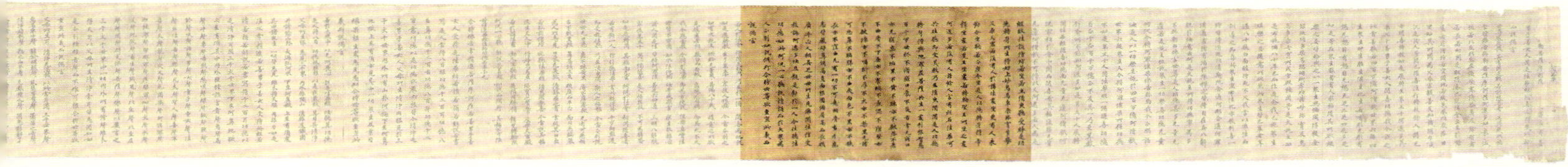

經故往詣僧坊若坐若立須臾聽受緣是功
德轉身所生得好上妙象馬車乘珍寶輦轝
及乘天宮若復有人於講法處坐更有人來
勸令坐聽若分座令坐是人功德轉身得帝
釋坐處若梵王坐處若轉輪聖王所坐之處
阿逸多若復有人語餘人言有經名法華可
共往聽即受其教乃至須臾間聞是人功德
轉身得與陁羅尼菩薩共生一處利根智慧
百千万世終不瘖瘂口氣不臭舌常无病口
亦无病齒不垢黑不黃不踈亦不缺落不差

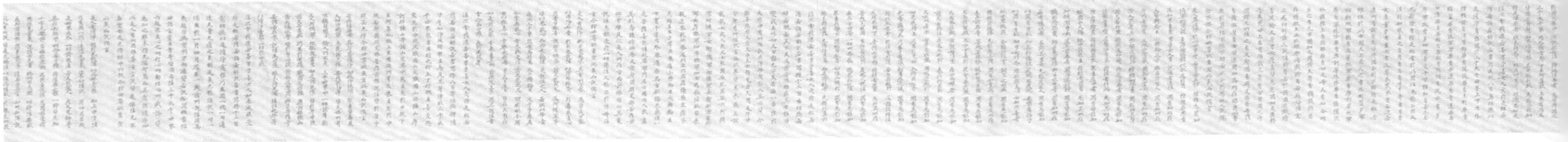

不曲脣不下垂亦不褰縮不麁澁不瘡胗亦
不缺壞亦不喎斜不厚不大亦不黧黑无諸
可惡鼻不匾㔸亦不曲戾面色不黑亦不狹
長亦不窪曲无有一切不可憙相脣舌牙齒
悉皆嚴好鼻脩高直面貌圓滿眉高而長額
廣平正人相具足世世所生見佛聞法信受
教誨阿逸多汝且觀是勸於一人令往聽法
功德如此何況一心聽說讀誦而於大衆爲
人分別如說脩行尒時世尊欲重宣此義而
說偈言

說偈言

若人於法會　得聞是經典　乃至於一偈　隨喜為他說
如是展轉教　至于第五十　最後人獲福　今當分別之
如有大施主　供給无量眾　具滿八十歲　隨意之所欲
見彼衰老相　髮白而面皺　齒疎形枯竭　念其死不久
我今應當教　令得於道果　即為方便說　涅槃真實法
世皆不牢固　如水沫泡焰　汝等咸應當　疾生猒離心
諸人聞是法　皆得阿羅漢　具足六神通　三明八解脫
最後第五十　聞一偈隨喜　是人福勝彼　不可為譬喻
如是展轉聞　其福尚无量　何況於法會　初聞隨喜者

若有勸一人　將引聽法華　言此經深妙　千萬劫難遇

即受教往聽　乃至須臾聞　斯人之福報　今當分別說

世世无口患　齒不踈黃黑　脣不厚褰缺　无有可惡相

舌不乾黑短　鼻高脩且直　額廣而平正　面目悉端嚴

為人所憙見　口氣无臭穢　優鉢華之香　常從其口出

若故詣僧坊　欲聽法華經　須臾聞歡喜　今當說其福

後生天人中　得妙象馬車　珎寶之輦轝　及乘天宮殿

若於講法處　勸人坐聽經　是福因緣得　釋梵轉輪座

何況一心聽　解說其義趣　如說而脩行　其福不可限

妙法蓮華經法師功德品第十九

BD00258　妙法蓮華經卷六

妙法蓮華經法師功德品第十九

尒時佛告常精進菩薩摩訶薩若善男子善女人受持是法華經若讀若誦若解說若書寫是人當得八百眼功德千二百耳功德八百鼻功德千二百舌功德八百身功德千二百意功德以是功德莊嚴六根皆令清淨是善男子善女人父母所生清淨肉眼見於三千大千世界內外所有山林河海下至阿鼻地獄上至有頂亦見其中一切衆生及業因緣果報生處悉見悉知尒時世尊欲重宣此

義所說偈言

若於大衆中　以无所畏心　說是法華經　汝聽其功德
是人得八百　功德殊勝眼　以是莊嚴故　其目甚清淨
父母所生眼　悉見三千界　內外彌樓山　須彌及鐵圍
并諸餘山林　大海江河水　下至阿鼻獄　上至有頂處
其中諸衆生　一切皆悉見　雖未得天眼　肉眼力如是

復次常精進若善男子善女人受持此經若
讀若誦若解若說若書寫得千二百耳功德以
是清淨耳聞三千大千世界下至阿鼻地獄
上至有頂其中內外種種語言音聲象聲馬
聲牛聲車聲啼哭聲愁歎聲螺聲鼓聲鍾聲

上至有頂其中内外種種語言音聲鳥聲馬
聲牛聲車聲啼哭聲愁嘆聲螺聲鼓聲鍾聲
鈴聲咲聲語聲男聲女聲童子聲童女聲法
聲非法聲苦聲樂聲凡夫聲聖人聲喜聲不
喜聲天聲龍聲夜叉聲乹闥婆聲阿脩羅聲
迦樓羅聲緊那羅聲摩睺羅伽聲火聲水聲
風聲地獄聲畜生聲餓鬼聲比丘聲比丘尼
聲聲聞聲辟支佛聲菩薩聲佛聲以要言之
三千大千世界中一切内外所有諸聲雖未
得天耳以父母所生清淨常耳皆悉聞知如

是分別種種音聲而不壞耳根爾時世尊欲

重宣此義而說偈言

父母所生耳　清淨无濁穢　以此常耳聞　三千世界聲

象馬車牛聲　鍾鈴螺鼓聲　琴瑟箜篌聲　簫笛之音聲

清淨好歌聲　聽之而不著　无數種人聲　聞悉能解了

又聞諸天聲　微妙之歌音　及聞男女聲　童男童女聲

山川嶮谷中　迦陵頻伽聲　命命等諸鳥　悉聞其音聲

地獄衆苦痛　種種楚毒聲　餓鬼飢渴逼　求索飲食聲

諸阿修羅等　居在大海邊　自共語言時　出于大音聲

如是說法者　安住於此間　遙聞是衆聲　而不壞耳根

十方世界中　禽獸鳴相呼　其說法之人　於此悉聞之

如是說法者　安住於此間　遙聞是衆聲　而不壞耳根
十方世界中　禽獸鳴相呼　其說法之人　於此悉聞之
其諸梵天上　光音及遍淨　乃至有頂天　言語之音聲
法師住於此　悉皆得聞之　一切比丘衆　及諸比丘尼
若讀誦經典　若爲他人說　法師住於此　悉皆得聞之
復有諸菩薩　讀誦於經法　若爲他人說　撰集解其義
如是諸音聲　悉皆得聞之　諸佛大聖尊　教化衆生者
於諸大衆中　演說微妙法　持此法華者　悉皆得聞之
三千大千界　內外諸音聲　下至阿鼻獄　上至有頂天
皆聞其音聲　而不壞耳根　其耳聰利故　悉能分別知

持是法華者　雖未得天眼　但用所生眼　功德已如是

復次常精進若善男子善女人受持是經若

讀若誦若解說若書寫成就八百鼻功德以

是清淨鼻根聞於三千大千世界上下內外

種種諸香須曼那華香闍提華香末利華香

瞻蔔華香波羅羅華香赤蓮華香青蓮華香

白蓮華香華樹香菓樹香栴檀香沉水香多

摩羅跋香多伽羅香及千万種和香若末若

丸若塗香持是經者於此間住悉能分別又

復別知衆生之香象香馬香牛羊等香男香

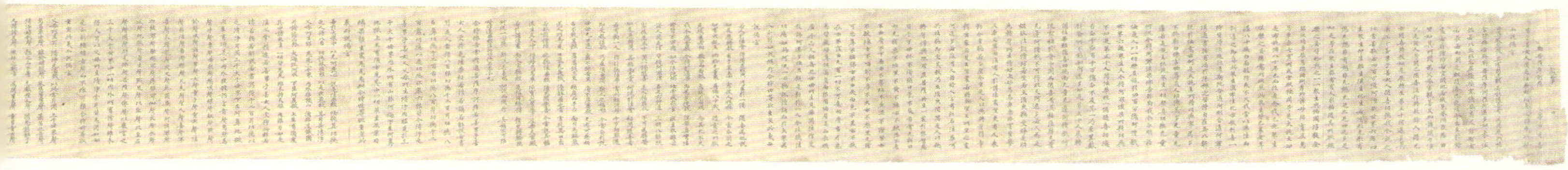

復別知衆生之香爲香馬香牛羊等香男香
女香童子香童女香及草木藂林香若近若
遠所有諸香悉皆得聞分別不錯持是經者
雖住於此亦聞天上諸天之香波利質多羅
拘鞞陁羅樹香及曼陁羅華香摩訶曼陁羅
華香曼殊沙華香摩訶曼殊沙華香栴檀沉
水種種末香諸雜華香如是等天香和合所
出之香无不聞知又聞諸天身香釋提桓因
在勝殿上五欲娛樂嬉戲時香若在妙法堂
上爲忉利諸天說法時香若於諸園遊戲時

香及餘天等男女身香皆悉遥聞如是展轉
乃至梵世上至有頂諸天身香亦皆聞之并
聞諸天所燒之香及聲聞香辟支佛香菩薩
香諸佛身香亦皆遥聞知其所在雖聞此香
然於鼻根不壞不錯若欲分別為他人說憶
念不謬尒時世尊欲重宣此義而說偈言
是人鼻清淨　於此世界中　若香若臭物　種種悉聞知
須曼那闍提　多摩羅栴檀　沉水及桂香　種種華菓香
及知衆生香　男子女人香　說法者遠住　聞香知所在
大勢轉輪王　小轉輪及子　群臣諸宮人　聞香知所在

大勢轉輪王 小轉輪及子 群臣諸宮人 聞香知所在
身所著珎寶 及地中寶藏 轉輪王寶女 聞香知所在
諸人嚴身具 衣服及瓔珞 種種所塗香 聞則知其身
諸天若行坐 遊戲及神變 持是法華者 聞香悉能知
諸樹華菓實 及穌油香氣 持經者住此 悉知其所在
諸山深嶮處 栴檀樹華敷 衆生在中者 聞香皆能知
鐵圍山大海 地中諸衆生 持經者聞香 悉知其所在
阿脩羅男女 及其諸眷屬 鬪諍遊戲時 聞香皆能知
曠野險隘處 師子象虎狼 野牛水牛等 聞香知所在
若有懷妊者 未辯其男女 无根及非人 聞香悉能知

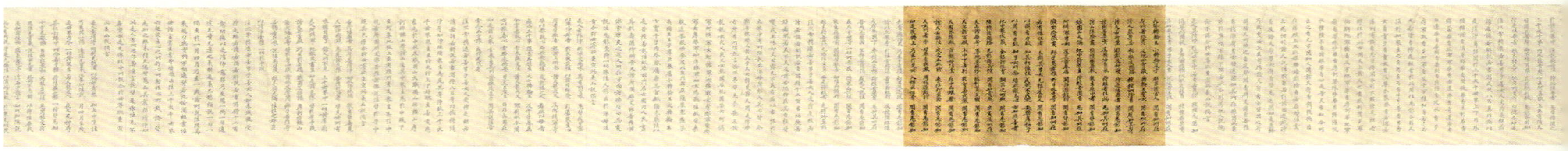

以聞香力故　知其初懷妊　成就不成就　安樂產福子

以聞香力故　知男女所念　染欲癡恚心　亦知脩善者

地中眾伏藏　金銀諸珎寶　銅器之所盛　聞香悉能知

種種諸瓔珞　无能識其價　聞香知貴賤　出處及所在

天上諸華等　曼陀曼殊沙　波利質多樹　聞香悉能知

天上諸宮殿　上中下差別　眾寶華莊嚴　聞香悉能知

天園林勝殿　諸觀妙法堂　在中而娛樂　聞香悉能知

諸天若聽法　或受五欲時　來往行坐臥　聞香悉能知

天女所著衣　好華香莊嚴　周旋遊戲時　聞香悉能知

如是展轉上　乃至於梵世　入禪出禪者　聞香悉能知

如是展轉上　乃至於梵世　入禪出禪者　聞香悉能知
光音遍淨天　乃至于有頂　初生及退沒　聞香悉能知
諸比丘眾等　於法常精進　若坐若經行　及讀誦經法
或在林樹下　專精而坐禪　持經者聞香　悉知其所在
菩薩志堅固　坐禪若讀誦　或為人說法　聞香悉能知
在在方世尊　一切所恭敬　愍眾而說法　聞香悉能知
眾生在佛前　聞經皆歡喜　如法而脩行　聞香悉能知
雖未得菩薩　无漏法生鼻　而是持經者　先得此鼻相
復次常精進　若善男子善女人受持是經　若
讀若誦若解說若書寫　得千二百舌功德　若

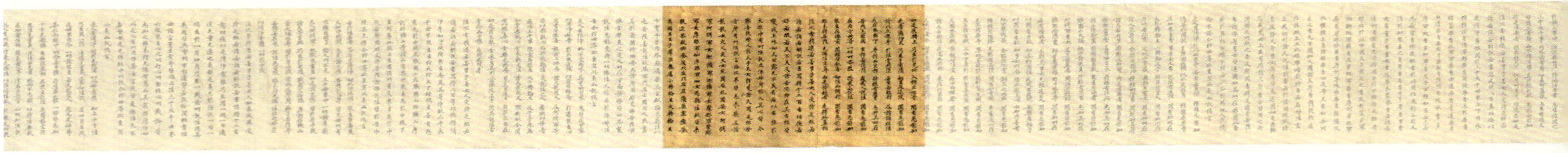

好若醜若美不美及諸苦澀物在其舌根皆
變成上味如天甘露无不美者若以舌根於
大衆中有所演說出深妙聲能入其心皆令
歡喜快樂又諸天子天女釋梵諸天聞是深妙
音聲有所演說言論次第皆悉來聽及諸
龍龍女夜叉夜叉女乹闥婆乹闥婆女阿脩
羅阿脩羅女迦樓羅迦樓羅女緊那羅緊那
羅女摩睺羅伽摩睺羅伽女為聽法故皆來
親近恭敬供養及比丘比丘尼優婆塞優婆
夷國王王子羣臣眷屬小轉輪王大轉輪王

夷國王王子羣臣眷屬小轉輪王大轉輪王
七寶千子內外眷屬乘其宮殿俱來聽法以
是菩薩善說法故婆羅門居士國內人民盡
其形壽隨侍供養又諸聲聞辟支佛菩薩諸
佛常樂見之是人所在方面諸佛皆向其處
說法悉能受持一切佛法又能出於深妙法
音尒時世尊欲重宣此義而說偈言
是人舌根淨　終不受惡味　其有所食噉　悉皆成甘露
以深淨妙音　於大衆說法　以諸因緣喻　引導衆生心
聞者皆歡喜　設諸上供養　諸天龍夜叉　及阿脩羅等

皆以恭敬心　而共來聽法　是說法之人　若欲以妙音
遍滿三千界　隨意即能至　大小轉輪王　及千子眷屬
合掌恭敬心　常來聽受法　諸天龍夜叉　羅刹毗舍闍
亦以歡喜心　常樂來供養　梵天王魔王　自在大自在
如是諸天眾　常來至其所　諸佛及弟子　聞其說法音
常念而守護　或時為現身
復次常精進若善男子善女人受持是經若
讀若誦若解說若書寫得八百身功德得清
淨身如淨琉璃眾生憙見其身淨故三千大
千世界眾生生時死時上下好醜生善處惡

千世界衆生生時死時上下好醜生善處惡
處悉於中現及鐵圍山大鐵圍山弥樓山摩
訶弥樓山等諸山及其中衆生悉於中現下
至阿鼻地獄上至有頂所有及衆生悉於中
現若聲聞辟支佛菩薩諸佛說法皆於身中
現其色像尒時世尊欲重宣此義而說偈言
若持法華者　其身甚清淨　如彼淨琉璃　衆生皆憙見
又如淨明鏡　悉見諸色像　菩薩於淨身　皆見世所有
唯獨自明了　餘人所不見　三千世界中　一切諸羣萠
天人阿脩羅　地獄鬼畜生　如是諸色像　皆於身中現

諸天等宮殿　乃至於有頂　鐵圍及彌樓　摩訶彌樓山
諸大海水等　皆於身中現　諸佛及聲聞　佛子菩薩等
若獨若在衆　說法悉皆現　雖未得无漏　法性之妙身
以清淨常體　一切於中現
復次常精進若善男子善女人如来滅後受
持是經若讀若誦若解說若書寫得千二百
意功德以是清淨意根乃至聞一偈一句通
達无量无邊之義解是義已能演說一句一
偈至於一月四月乃至一歲諸所說法隨其
義趣皆與實相不相違背若說俗間經書治

義趣皆與實相不相違背若說俗間經書治
世語言資生業等皆順正法三千大千世界
六趣衆生心之所行心所動作心所戲論皆
悉知之雖未得无漏智慧而其意根清淨如
此是人有所思惟籌量言說皆是佛法无不
真實亦是先佛經中所說尒時世尊欲重宣
此義而說偈言

是人意清淨　明利无穢濁　以此妙意根　知上中下法
乃至聞一偈　通達无量義　次第如法說　月四月至歲
是世界內外　一切諸衆生　若天龍及人　夜叉鬼神等

其在六趣中　所念若干種　持法華之報　一時皆悉知
十方无數佛　百福莊嚴相　為衆生說法　悉聞能受持
思惟无量義　說法亦无量　終始不忘錯　以持法華故
悉知諸法相　隨義識次第　達名字語言　如所知演說
此人有所說　皆是先佛法　以演此法故　於衆无所畏
持法華經者　意根淨若斯　雖未得无漏　先有如是相
是人持此經　安住希有地　為一切衆生　歡喜而愛敬
能以千萬種　善巧之語言　分別而說法　持法華經故

妙法蓮華經常不輕菩薩品第二十

尒時佛告得大勢菩薩摩訶薩汝今當知若

尒時佛告得大勢菩薩摩訶薩汝今當知若
比丘比丘尼優婆塞優婆夷持法華經者若
有惡口罵詈誹謗獲大罪報如前所說其所
得功德如向所說眼耳鼻舌身意清淨得大
勢乃往古昔過无量无邊不可思議阿僧祇
劫有佛名威音王如來應供正遍知明行足
善逝世間解无上士調御丈夫天人師佛世
尊劫名離衰國名大成其威音王佛於彼世
中為天人阿脩羅說法為求聲聞者說應四
諦法度生老病死究竟涅槃為求辟支佛者

説應十二因緣法為諸菩薩因阿耨多羅三
藐三菩提說應六波羅蜜法究竟佛慧得大
勢是威音王佛壽四十万億那由他恒河沙
劫正法住世劫數如一閻浮提微塵像法住
世劫數如四天下微塵其佛饒益衆生已然
後滅度正法像法滅盡之後於此國土復有
佛出亦号威音王如來應供正遍知明行足善
逝世間解无上士調御丈夫天人師佛世
尊如是次第有二万億佛皆同一号㝡初威
音王如來既已滅度正法滅後於像法中增

音王如来既已滅度正法滅後於像法中增
上慢比丘有大勢力尒時有一菩薩比丘名
常不輕得大勢以何因緣名常不輕是比丘
凡有所見若比丘比丘尼優婆塞優婆夷皆
悉礼拜讚嘆而作是言我深敬汝等不敢輕
慢所以者何汝等皆行菩薩道當得作佛而
是比丘不專讀誦經典但行礼拜乃至遠見
四衆亦復故往礼拜讚嘆而作是言我不敢
輕於汝等汝等皆當作佛故四衆之中有生
瞋恚心不淨者悪口罵詈言是无智比丘從

何所來自言我不輕汝而與我等受記當得
作佛我等不用如是虛妄受記如此經歷多
年常被罵詈不生瞋恚常作是言汝當作佛
説是語時衆人或以杖木瓦石而打擲之避
走遠住猶高聲唱言我不敢輕於汝等汝等
皆當作佛以其常作是語故增上慢比丘比
丘尼優婆塞優婆夷号之為常不輕是比丘
臨欲終時於虛空中具聞威音王佛先所説
法華經二十千万億偈悉能受持即得如上
眼根清淨耳鼻舌身意根清淨得是六根清

眼根清淨耳鼻舌身意根清淨得是六根清
淨已更增壽命二百万億那由他歲廣為人
說是法華經於時增上慢四衆比丘比丘尼
優婆塞優婆夷輕賤是人為作不輕名者見
其得大神通力樂說辯力大善寂力聞其所
說皆信伏隨從是菩薩復化千万億衆令住
阿耨多羅三藐三菩提命終之後得值二千
億佛皆号日月燈明於其法中說是法華經
以是因緣復值二千億佛同号雲自在燈王
於此諸佛法中受持讀誦為諸四衆說此經

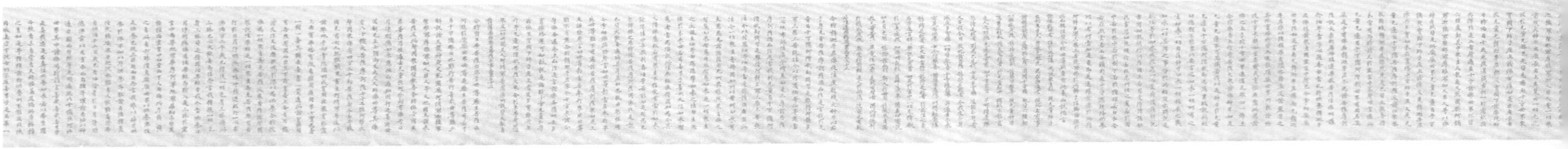

典故得是常眼清淨耳鼻舌身意諸根清淨
於四衆中說法心无所畏得大勢是常不輕
菩薩摩訶薩供養如是若干諸佛恭敬尊重
讚歎種諸善根於後復值千万億佛亦於諸
佛法中說是經典功德成就當得作佛得大
勢於意云何尒時常不輕菩薩豈異人乎則
我身是若我於宿世不受持讀誦此經為他
人說者不能疾得阿耨多羅三藐三菩提我
於先佛所受持讀誦此經為人說故疾得阿
耨多羅三藐三菩提得大勢彼時四衆比丘

耨多羅三藐三菩提得大勢彼時四衆比丘
比丘尼優婆塞優婆夷以瞋恚意輕賤我故
二百億劫常不值佛不聞法不見僧千劫於
阿鼻地獄受大苦惱畢是罪已復遇常不輕
菩薩教化阿耨多羅三藐三菩提得大勢於
汝意云何尒時四衆常輕是菩薩者豈異人
乎今此會中跋陁婆羅等五百菩薩師子月
等五百比丘尼思佛等五百優婆塞皆於阿
耨多羅三藐三菩提不退轉者是得大勢當
知是法華經大饒益諸菩薩摩訶薩能令至

於阿耨多羅三藐三菩提是故諸菩薩摩訶
薩於如來滅後常應受持讀誦解說書寫是
經尒時世尊欲重宣此義而說偈言
過去有佛　號威音王　神智无量　將導一切
天人龍神　所共供養　是佛滅後　法欲盡時
有一菩薩　名常不輕　時諸四衆　計著於法
不輕菩薩　往到其所　而語之言　我不輕汝
汝等行道　皆當作佛　諸人聞已　輕毀罵詈
不輕菩薩　能忍受之　其罪畢已　臨命終時
得聞此經　六根清淨　神通力故　增益壽命

得聞此經六根清淨神通力故增益壽命
復為諸人廣說是經諸著法衆皆蒙菩薩
教化成就令住佛道不輕命終值无數佛
說是經故得无量福漸具功德疾成佛道
彼時不輕則我身是時四部衆著法之者
聞不輕言汝當作佛以是因緣值无數佛
此會菩薩五百之衆并及四部清信士女
今於我前聽法者是我於前世勸是諸人
聽受斯經第一之法開示教人令住涅槃
世世受持如是經典億億万劫至不可議

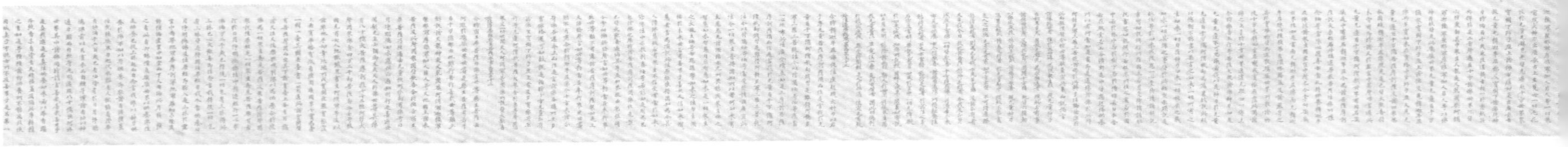

時乃得聞　是法華經　億億万劫　至不可議
諸佛世尊　時說是經　是故行者　於佛滅後
聞如是經　勿生疑惑　應當一心　廣說此經
世世值佛　疾成佛道
妙法蓮華經如來神力品第二十一
尒時千世界微塵等菩薩摩訶薩從地踊出
者皆於佛前一心合掌瞻仰尊顏而白佛言
世尊我等於佛滅後世尊分身所在國土滅
度之處當廣說此經所以者何我等亦自欲
得是真淨大法受持讀誦解說書寫而供養

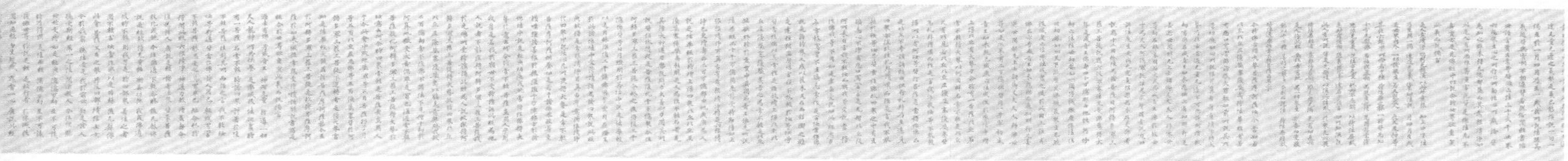

得是真淨大法受持讀誦解説書寫而供養
之尒時世尊於文殊師利等无量百千万億
舊住娑婆世界菩薩摩訶薩及諸比丘比丘
尼優婆塞優婆夷天龍夜叉乾闥婆阿脩羅
迦樓羅緊那羅摩睺羅伽人非人等一切衆
前現大神力出廣長舌上至梵世一切毛孔
放於无量无數色光皆悉遍照十方世界衆
寶樹下師子座上諸佛亦復如是出廣長舌
放无量光釋迦牟尼佛及寶樹下諸佛現神
力時滿百千歲然後還攝舌相一時謦欬俱

共彈指是二音聲遍至十方諸佛世界地皆
六種震動其中衆生天龍夜叉乾闥婆阿脩
羅迦樓羅緊那羅摩睺羅伽人非人等以佛
神力故皆見此娑婆世界无量无邊百千万
億衆寶樹下師子座上諸佛及見釋迦牟尼
佛共多寶如來在寶塔中坐師子座又見无
量无邊百千万億菩薩摩訶薩及諸四衆恭
敬圍繞釋迦牟尼佛既見是已皆大歡喜得
未曾有即時諸天於虛空中高聲唱言過此
无量无邊百千万億阿僧祇世界有國名娑

无量无邊百千万億阿僧祇世界有國名娑
婆是中有佛名釋迦牟尼今為諸菩薩摩訶
薩説大乘經名妙法蓮華教菩薩法佛所護
念汝等當深心随喜亦當礼拜供養釋迦牟
尼佛彼諸衆生聞虚空中聲已合掌向娑婆
世界作如是言南无釋迦牟尼佛南无釋迦
牟尼佛以種種華香瓔珞旛蓋及諸嚴身之
具珎寶妙物皆共遥散娑婆世界所散諸物
從十方来譬如雲集變成寶帳遍覆此間諸
佛之上于時十方世界通達无㝵如一佛土

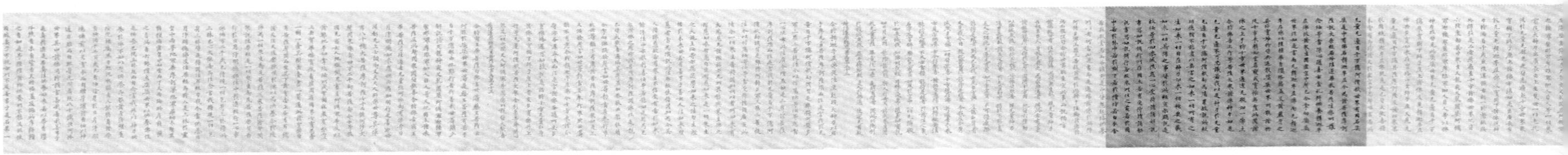

尒時佛告上行等菩薩大衆諸佛神力如是
无量无邊不可思議若我以是神力於无量
无邊百千万億阿僧祇劫為囑累故說此經
功德猶不能盡以要言之如來一切所有之
法如來一切自在神力如來一切祕要之藏
如來一切甚深之事皆於此經宣示顯說是
故汝等於如來滅後應一心受持讀誦解說
書寫如說脩行所在國土若有受持讀誦解
說書寫如說脩行若經卷所住之處若於園
中若於林中若於樹下若於僧坊若白衣舍

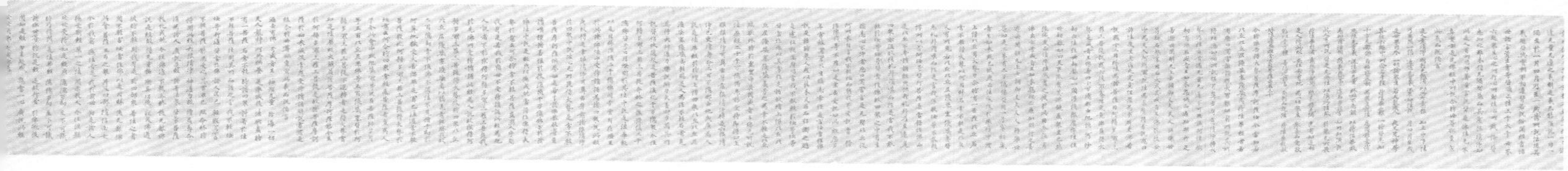

中若於林中若於樹下若於僧坊若白衣舍
若在殿堂若山谷曠野是中皆應起塔供養
所以者何當知是處即是道場諸佛於此得
阿耨多羅三藐三菩提諸佛於此轉于法輪諸佛於
此而般涅槃尒時世尊欲重宣此義而說偈言
諸佛救世者　住於大神通　為悅衆生故　現无量神力
舌相至梵天　身放无數光　為求佛道者　現此希有事
諸佛謦欬聲　及彈指之聲　周聞十方國　地皆六種動
以佛滅度後　能持是經故　諸佛皆歡喜　現无量神力
囑累是經故　讃美受持者　於无量劫中　猶故不能盡

是人之功德 无邊无有窮 如十方虛空 不可得邊際
能持是經者 則為已見我 亦見多寶佛 及諸分身者
又見我今日 教化諸菩薩 能持是經者 令我及分身
滅度多寶佛 一切皆歡喜 十方現在佛 并過去未來
亦見亦供養 亦令得歡喜 諸佛坐道場 所得祕要法
能持是經者 不久亦當得 能持是經者 於諸法之義
名字及言辭 樂說无窮盡 如風於空中 一切无障礙
於如來滅後 知佛所說經 因緣及次第 隨義如實說
如日月光明 能除諸幽冥 斯人行世間 能滅衆生闇
教无量菩薩 畢竟住一乘 是故有智者 聞此功德利

教无量菩薩　畢竟住一乘　是故有智者　聞此功德利
於我滅度後　應受持斯經　是人於佛道　決定无有疑

妙法蓮華經囑累品第二十二

尒時釋迦牟尼佛從法座起現大神力以右
手摩无量菩薩摩訶薩頂而作是言我於无
量百千万億阿僧祇劫脩習是難得阿耨多
羅三藐三菩提法今以付囑汝等汝等應當
一心流布此法廣令增益如是三摩諸菩薩
摩訶薩頂而作是言我於无量百千万億阿
僧祇劫脩習是難得阿耨多羅三藐三菩提

法令以付囑汝等汝等當受持讀誦廣宣此
法令一切衆生普得聞知所以者何如来有
大慈悲无諸慳悋亦无所畏能與衆生佛之
智慧如来智慧自然智慧如来是一切衆生
之大施主汝等亦應隨學如来之法勿生慳
悋於未来世若有善男子善女人信如来智
慧者當為演説此法華經使得聞知為令其
人得佛慧故若有衆生不信受者當於如来
餘深法中示教利喜汝等若能如是則為已
報諸佛之恩時諸菩薩摩訶薩聞佛作是説

BD00258　妙法蓮華經卷六

報諸佛之恩時諸菩薩摩訶薩聞佛作是說
已皆大歡喜遍滿其身益加恭敬曲躬低頭
合掌向佛俱發聲言如世尊勅當具奉行唯
然世尊願不有慮諸菩薩摩訶薩衆如是三
反俱發聲言如世尊勅當具奉行唯然世尊
願不有慮尒時釋迦牟尼佛令十方來諸分
身佛各還本土而作是言諸佛各隨所安多
寶佛塔還可如故說是語時十方无量分身
諸佛坐寶樹下師子座上者及多寶佛并上
行等无邊阿僧祇菩薩大衆舍利弗等聲聞四

衆及一切世間天人阿脩羅等聞佛所說皆大歡喜

妙法蓮華經藥王菩薩本事品第二十三

尒時宿王華菩薩白佛言世尊藥王菩薩云
何遊於娑婆世界世尊是藥王菩薩有若干
百千万億那由他難行苦行善哉世尊願少
解說諸天龍神夜叉乾闥婆阿脩羅迦樓羅
緊那羅摩睺羅伽人非人等又他國土諸來
菩薩及此聲聞衆聞皆歡喜尒時佛告宿王
華菩薩乃往過去无量恒河沙劫有佛号日
月淨明德如來應供正遍知明行足善逝世

月淨明德如來應供正遍知明行足善逝世
間解无上士調御丈夫天人師佛世尊其佛
有八十億大菩薩摩訶薩七十二恒河沙大
聲聞衆佛壽四万二千劫菩薩壽命亦等彼
國无有女人地獄餓鬼畜生阿脩羅等及以
諸難地平如掌琉璃所成寶樹莊嚴寶帳覆
上垂寶華幡寶瓶香爐周遍國界七寶爲臺
一樹一臺其樹去臺盡一箭道此諸寶樹皆
有菩薩聲聞而坐其下諸寶臺上各有百億
諸天作天伎樂歌嘆於佛以爲供養尒時彼

佛為一切衆生憙見菩薩及衆菩薩諸聲聞
衆說法華經是一切衆生憙見菩薩樂習苦
行於日月淨明德佛法中精進經行一心求
佛滿万二千歲已得現一切色身三昧得此
三昧已心大歡喜即作念言我得現一切色
身三昧皆是得聞法華經力我今當供養日
月淨明德佛及法華經即時入是三昧於虛
空中雨曼陁羅華摩訶曼陁羅華細末堅黑
栴檀滿虛空中如雲而下又雨海此岸栴檀
之香此香六銖價直娑婆世界以供養佛作

之香此香六銖價直娑婆世界以供養佛作
是供養已從三昧起而自念言我雖以神力供
養於佛不如以身供養即服諸香栴檀薰
陸兜樓婆畢力迦沉水膠香又飲瞻蔔諸華
香油滿千二百歲已香油塗身於日月淨明
德佛前以天寶衣而自纏身灌諸香油以神
通力願而自燃身光明遍照八十億恒河沙
世界其中諸佛同時讚言善哉善哉善男子
是真精進是名真法供養如來若以華香瓔
珞燒香末香塗香天繒幡蓋及海此岸栴檀

之香如是等種種諸物供養所不能及假使
國城妻子布施亦所不及善男子是名第一
之施於諸施中最尊最上以法供養諸如來
故作是語已而各嘿然其身火燃千二百歲
過是已後其身乃盡一切衆生憙見菩薩作
如是法供養已命終之後復生日月淨明德
佛國中於淨德王家結跏趺坐忽然化生即
為其父而說偈言
大王今當知　我經行彼處　即時得一切　現諸身三昧
勤行大精進　捨所愛之身

勤行大精進　捨所愛之身
說是偈已而白父言日月淨明德佛今故現
在我先供養佛已得解一切衆生語言陁羅
尼復聞是法華經八百千万億那由他甄迦
羅頻婆羅阿閦婆等偈大王我今當還供養
此佛白已即坐七寶之臺上升虛空高七多
羅樹往到佛所頭面礼足合十指爪以偈讃佛
容顏甚奇妙　光明照十方　我適曾供養　今復還親近
尒時一切衆生憙見菩薩說是偈已而白佛
言世尊世尊猶故在世尒時日月淨明德佛

告一切衆生憙見菩薩善男子我涅槃時到
滅盡時至汝可安施床座我於今夜當般涅
槃又勑一切衆生憙見菩薩善男子我以佛
法囑累於汝及諸菩薩大弟子并阿耨多羅
三藐三菩提法亦以三千大千七寶世界諸
寶樹寶臺及給侍諸天悉付於汝我滅度後
所有舍利亦付囑汝當令流布廣設供養應
起若干千塔如是日月淨明德佛勑一切衆
生憙見菩薩已於夜後分入於涅槃尒時一
切衆生憙見菩薩見佛滅度悲感懊惱戀慕

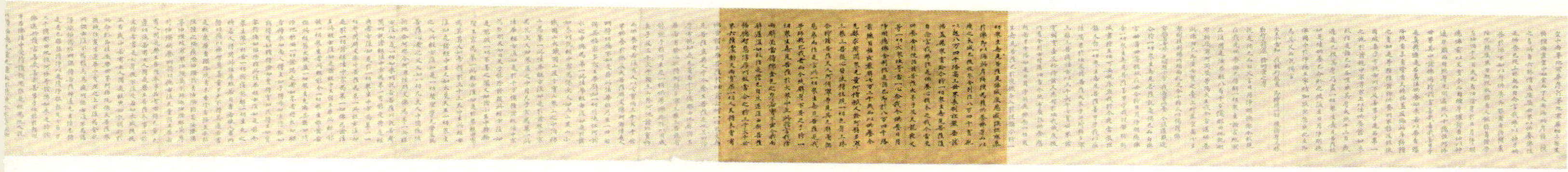

切眾生憙見菩薩見佛滅度悲感懊惱戀慕
於佛即以海此岸栴檀為𧂐供養佛身而以
燒之火滅已後收取舍利作八万四千寶瓶
以起八万四千塔高三世界表剎莊嚴垂諸
幡蓋懸眾寶鈴尒時一切眾生憙見菩薩復
自念言我雖作是供養心猶未足我今當更
供養舍利便語諸菩薩大弟子及天龍夜叉
等一切大眾汝等當一心念我今供養日月
淨明德佛舍利作是語已即於八万四千塔
前燃百福莊嚴臂七万二千歲而以供養令

无數求聲聞衆无量阿僧祇人發阿耨多羅
三藐三菩提心皆使得住現一切色身三昧
尒時諸菩薩天人阿脩羅等見其无臂憂惱
悲哀而作是言此一切衆生憙見菩薩是我
等師教化我者而今燒臂身不具足于時一
切衆生憙見菩薩於大衆中立此誓言我捨
兩臂必當得佛金色之身若實不虛令我兩
臂還復如故作是誓已自然還復由斯菩薩
福德智慧淳厚所致當尒之時三千大千世
界六種震動天雨寶華一切人天得未曾有

福德智慧淳厚所致當爾之時三千大千世
界六種震動天雨寶華一切人天得未曾有
佛告宿王華菩薩於汝意云何一切衆生憙
見菩薩豈異人乎今藥王菩薩是也其所捨
身布施如是无量百千万億那由他數宿王
華若有發心欲得阿耨多羅三藐三菩提者
能燃手指乃至足一指供養佛塔勝以國城
妻子及三千大千國土山林河池諸珎寶物
而供養者若復有人以七寶滿三千大千世
界供養於佛及大菩薩辟支佛阿羅漢是人
所得功德不如受持此法華經乃至一四句

得其福最多宿王華譬如一切川流江河諸
水之中海為第一此法華經亦復如是於諸
如來所說經中最為深大又如土山黑山小
鐵圍山大鐵圍山及十寶山眾山之中須弥
山為第一此法華經亦復如是於諸經中最
為其上又如眾星之中月天子最為第一此
法華經亦復如是於千万億種諸經法中最
為照明又如日天子能除諸闇此經亦復如
是能破一切不善之闇又如諸小王中轉輪
聖王最為第一此經亦復如是於眾經中最
為其尊又如帝釋於三十三天中王此經亦

爲其尊又如帝釋於三十三天中王此經亦
復如是諸經中王又如大梵天王一切衆生
之父此經亦復如是一切賢聖學无學及發
菩薩心者之父又如一切凡夫人中須陁洹
斯陁含阿那含阿羅漢辟支佛爲第一此經
亦復如是一切如來所說若菩薩所說若聲
聞所說諸經法中最爲第一有能受持是經
典者亦復如是於一切衆生中亦爲第一一
切聲聞辟支佛中菩薩爲第一此經亦復如
是於一切諸經法中最爲第一如佛爲諸法
王此經亦復如是諸經中王宿王華此經能

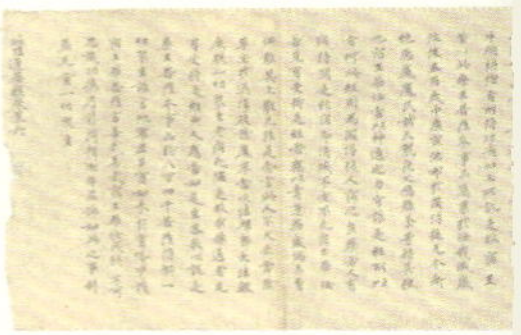

救一切眾生者此經能令一切眾生離諸苦
惱此經能大饒益一切眾生充滿其願如清
涼池能滿一切諸渴之者如寒者得火如裸
者得衣如商人得主如子得母如渡得船如
病得醫如暗得燈如貧得寶如民得王如賈
客得海如炬除暗此法華經亦復如是能令
眾生離一切苦一切病痛能解一切生死之
縛若人得聞此法華經若自書若使人書所
得功德以佛智慧籌量多少不得其邊若書
是經卷華香瓔珞燒香末香塗香幡蓋衣服
種種之燈蘇燈油燈諸香油燈瞻蔔油燈須
曼由燈波羅羅油燈婆利師迦由燈那婆摩

種種之燈蘇燈油燈諸香油燈瞻蔔油燈須
曼那油燈波羅羅油燈婆利師迦油燈那婆摩
利油燈供養所得功德亦復无量宿王華若
有人聞是藥王菩薩本事品者亦得无量无
邊功德若有女人聞是藥王菩薩本事品能
受持者盡是女身後不復受若如來滅後後
五百歲中若有女人聞是經典如說脩行於
此命終即往安樂世界阿彌陁佛大菩薩衆
圍繞住處生蓮華中寶座之上不復為貪欲
所惱亦復不為瞋恚愚癡所惱亦復不為憍
慢嫉妬諸垢所惱得菩薩神通无生法忍得
是忍已眼根清淨以是清淨眼根見七百万

二千億那由他恒河沙等諸佛如來是時諸
佛遥共讚言善哉善哉善男子汝能於釋迦
牟尼佛法中受持讀誦思惟是經為他人說
所得福德无量无邊火不能燒水不能漂汝
之功德千佛共說不能令盡汝今已能破諸
魔賊壞生死軍諸餘怨敵皆悉摧滅善男子
百千諸佛以神通力共守護汝於一切世間
天人之中无如汝者唯除如來其諸聲聞辟
支佛乃至菩薩智慧禪定无有與汝等者宿
王華此菩薩成就如是功德智慧之力若有

王華此菩薩成就如是功德智慧之力若有
人聞是藥王菩薩本事品能隨喜讚善者是
人現世口中常出青蓮華香身毛孔中常出
牛頭栴檀香所得功德如上所說是故宿王
華以此藥王菩薩本事品囑累於汝我滅度
後後五百歲中廣宣流布於閻浮提无令斷
絕惡魔魔民諸天龍夜叉鳩槃荼等得其便
也宿王華汝當以神通之力守護是經所以
者何此經則為閻浮提人病之良藥若人有
病得聞是經病即消滅不老不死宿王華汝

若見有受持是經者應以青蓮華盛滿末香

供散其上散已作是念言此人不久必當取

草坐扵道場破諸魔軍當吹法螺擊大法鼓

度脫一切衆生老病死海是故求佛道者見

有受持是經典人應當如是生恭敬心說是

藥王菩薩本事品時八万四千菩薩得解一

切衆生語言陁羅尼多寶如來扵寶塔中讚

宿王華菩薩言善哉善哉宿王華汝成就不可

思議功德乃能問釋迦牟尼佛如此之事利

益无量一切衆生

妙法蓮華經卷第六

BD00258　妙法蓮華經卷六

BD00259 大般若波羅蜜多經卷五七四

（唐）玄奘 譯

57cm × 25.2cm

大般若波羅蜜多經卷第五百七十四

第七曼殊室利分之一　三藏

如是我聞一時薄伽梵在室羅　住

給孤獨園與大苾芻衆百千人俱皆阿羅漢

唯阿難陀猶居學地舍利子等而爲上首復

與菩薩摩訶薩衆十千人俱皆不退轉功德

甲冑而自莊嚴慈氏菩薩妙吉祥菩薩无礙

辯菩薩不捨善軛菩薩而爲上首曼殊室利

童子菩薩明相現時出自　詣如來所在

外而立具壽舍利子大迦　那大迦葉波

大採菽氏滿慈子執大藏　一切大聲

聞僧亦於此時各從住處詣如來所在外而立

尒時世尊知諸大衆皆來集已從住處出敷

如常座結跏趺坐告舍利子汝今何故於晨
朝時在門外立時舍利子白言世尊曼殊
室利童子菩薩先来住此我等後来
尒時世尊知而故問曼殊室利言善男子汝
實先来至此住處為欲觀礼親近佛耶曼殊
室利前白佛言如是世尊如是善逝[illegible]以故
我於如来觀礼親近嘗无猒足為欲利樂諸
有情故實先来此世尊我今来至此處親
近礼敬觀如来者專為利樂一切有情非為證
得佛菩提故非為樂觀如来身故非為擾動
真法界故非為分別諸法性故亦不為餘種
種事故我觀如来即真如相无動无作无所
分別无異分別非即方處非離方處非有非
无非常非斷非即三世非離三世无生无

无非常非斷非即三世非離三世无生无
滅无去无来无染不染无二不二心言路絶若
以此等真如之相觀於如来名真見佛亦名
礼敬親近如来實於有情能爲利樂佛告
曼殊室利童子汝作是觀爲何可見曼殊室